BIBLIOTHÈQUE CONTEMPORAINE

NAPOLÉON

ET

SES DÉTRACTEURS

PAR

LE PRINCE NAPOLÉON

PARIS
CALMANN LÉVY, ÉDITEUR
ANCIENNE MAISON MICHEL LÉVY FRÈRES
RUE AUBER, 3, ET BOULEVARD DES ITALIENS, 15
A LA LIBRAIRIE NOUVELLE

1887

NAPOLÉON

ET

SES DÉTRACTEURS

BOURLOTON. — Imprimeries réunies, B, rue Mignon, 2.

NAPOLÉON

ET

SES DÉTRACTEURS

PAR

LE PRINCE NAPOLÉON

PARIS

CALMANN LÉVY, ÉDITEUR

ANCIENNE MAISON MICHEL LÉVY FRÈRES

3, RUE AUBER, 3

—

1887

Droits de reproduction et de traduction réservés.

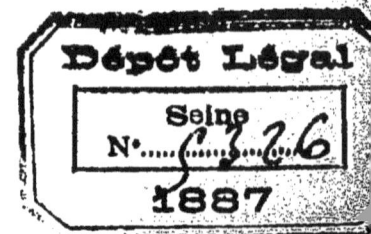

L'étude que M. Taine a publiée sur Napoléon n'est qu'un libelle, mais ce libelle est signé par un membre de l'Académie rançaise, écrivain de renom et dont les procédés affectent l'exactitude de la méthode scientifique. Il est surchargé de notes et de citations qui entretiennent l'illusion, et peuvent surprendre la confiance du lecteur. Les faits y sont outrageusement dénaturés, c'est la déchéance de l'historien.

J'aurais pu, me rappelant le fier dédain avec lequel Napoléon traitait les pamphlétaires, me borner à constater la révolte du sentiment national que M. Taine a si audacieusement provoquée.

Napoléon, disait à Sainte-Hélène :

« Les pamphlétaires, je suis destiné
» à être leur pâture, mais je redoute
» peu d'être leur victime : ils mordront
» sur du granit. Ma mémoire se compose
» de faits, et de simples paroles ne sau-
» raient les détruire. Si le grand Fré-
» déric, ou tout autre de sa trempe, se
» mettait à écrire contre moi, ce serait
» autre chose ; il serait temps alors de
» commencer à m'émouvoir peut-être ;
» mais, quant à tous les autres, quelque
» esprit qu'ils y mettent, ils ne tireront
» jamais qu'à poudre... Malgré tous les
» libelles, je ne crains rien pour ma re-
» nommée. La vérité sera connue, et l'on

» comparera le bien que j'ai fait, avec les
» fautes que j'ai commises. Je ne suis pas
» inquiet du résultat... A quoi ont abouti,
» après tout, les immenses sommes dé-
» pensées en libelles contre moi? Bientôt,
» il n'y en aura plus de traces, tandis que
» mes monuments et mes institutions me
» recommanderont à la postérité la plus
» reculée [1]. »

Une telle sérénité ne convient qu'au génie sûr de son œuvre.

J'ai pensé que j'avais d'autres devoirs à remplir et que ma connaissance des hommes et des choses de ce temps héroïque m'obligeait à ne pas laisser à ce point travestir l'histoire.

Neveu de Napoléon, j'ai grandi au mi-

---

1. *Correspondance de Napoléon* 1er, t. XXXII, p. 316, 350, 404.

lieu des siens, j'ai été bercé par le récit de sa vie, j'ai publié sa *Correspondance*, j'ai entretenu les témoins de son existence, j'ai interrogé ceux qui s'étaient associés à ses gloires, ou qui avaient partagé ses malheurs.

Je n'écris pas une vie de Napoléon; elle dépasserait les limites que je me suis tracées.

Mon unique but aujourd'hui est d'opposer l'homme et son œuvre, dans leur réalité vivante, aux inventions d'un écrivain dont la passion fausse le jugement et obscurcit la conscience.

J'ai voulu montrer ce qu'il faut penser des contemporains, dont M. Taine invoque ou altère le témoignage, et qu'il a choisis à dessein, parmi ceux que la simple équité aurait dû faire récuser : le prince de

Metternich qui, par sa situation, son grand rôle, par son renom historique autant que par sa connaissance personnelle de Napoléon, dont il fut l'éternel ennemi, mérite une étude spéciale; Bourrienne, secrétaire de Napoléon; madame de Rémusat, dame d'honneur de Joséphine, qui ont diffamé l'un et l'autre celui dans l'intimité duquel ils ont vécu; l'abbé de Pradt qui, investi de la confiance de l'Empereur, a écrit des souvenirs dans lesquels on trouve à chaque page les traces de sa trahison; Miot de Mélito, fonctionnaire impérial dont les *Mémoires*, publiés après sa mort, ont été souvent cités par les ennemis de Napoléon.

Quant aux ouvrages que j'appellerai de seconde main, parce qu'ils ont été composés à l'aide d'écrits antérieurs, je n'avais pas à en tenir compte. Ces ouvrages n'émanant pas de témoins des faits ne peuvent avoir d'autre valeur que celle qui s'attache à leurs auteurs. Ils expriment des opinions individuelles, ce ne sont pas des documents. Or ce sont les sources où M. Taine a puisé, dont je veux surtout apprécier l'autorité et peser la valeur.

De la retraite où j'écris ces lignes, je vois les montagnes de cette Savoie que j'ai contribué à donner à mon pays. La mauvaise fortune rend les hommes oublieux. Je ne suis plus qu'un proscrit, proscrit comme dans mon enfance, sans avoir jamais conspiré contre le repos et la liberté de ma patrie.

Je veux adoucir l'exil auquel je suis condamné, en ressuscitant ce passé dont le nom que je porte résume les gloires et dont les grandeurs évanouies doivent être pour notre patriotisme une force et une espérance.

Défendre la mémoire de Napoléon, c'est encore servir la France.

NAPOLÉON.

Prangins, 15 août 1887.

M. TAINE

M. Taine a eu de nombreux précurseurs. A peine l'étranger avait-il pénétré dans Paris, que les insulteurs se levaient de toute part, pour accabler de leurs invectives le chef de la Grande Armée, le défenseur de la grande nation. De 1814 à 1830, tout a été mis en œuvre pour salir sa mémoire. La passion sincère et la passion vénale ont rivalisé de zèle ; la littérature officielle s'est jointe à la littérature des pamphlets. On ne fera jamais mieux, et M. Taine, qui a si largement puisé à ces sources empoisonnées, est digne de ses inspirateurs. Mais les Bourbons, ces protégés de la Sainte-Alliance, tentaient un effort inutile. Le peuple avait gardé sa croyance intacte. Napoléon, l'apôtre armé de la Révolution, était devenu son orgueil, son espoir, et il se plaisait à jeter le nom de l'Empereur à la face des étrangers et des émigrés. On chantait sa gloire sous le chaume; le vieux soldat conservait avec un même amour, dans une même cachette, un lambeau du drapeau tricolore et un portrait du martyr de Sainte-Hélène.

Quelques hommes de cœur osaient raconter avec sincérité la Révolution qu'ils avaient vue, l'Empire qui les avait éblouis. M. Taine, qui a remué toute la fange de 1815, ne cite aucun de leurs ouvrages. Est-ce donc la voix de la haine, de la rancune ou de l'apostasie que, seule, il veut entendre? L'historien, probe et libre, lui est-il par là même suspect?

Le souvenir de Napoléon a fait la Révolution de Juillet. Arrivée au trône par une usurpation du parlement, la branche cadette des Bourbons, après avoir également violé, le droit monarchique et le droit populaire, voulut s'abriter derrière les traditions de l'Empire. Incapable de les comprendre, elle sut les exploiter. La famille de Napoléon resta proscrite; l'interdit, que la Sainte-Alliance avait jeté sur elle, ne fut pas levé. Mais les hommages officiels, dont on entourait la mémoire du grand homme, donnèrent à la nation l'illusion d'un culte rendu à son héros, et, comme elle y trouvait une satisfaction à ses instincts généreux, elle pardonna les faiblesses d'un régime étroit et les déceptions qu'elle en éprouva. « Il fut Empereur et roi, il fut le souverain légitime de notre pays, » disait au nom du roi Louis-Philippe le ministre de l'intérieur, M. le comte de Rémusat, en proposant aux Chambres le retour des cendres de l'Empereur.

Il ne suffisait pas cependant de ramener le cercueil de Napoléon, de lui préparer une marche triomphale à travers la France en deuil; il eût fallu retrouver l'esprit du héros, sinon son génie, et l'oligarchie censitaire était essentiellement rebelle à d'aussi hautes aspirations. Une panique emporta le trône qu'une intrigue avait élevé.

Bénie soit la République de 1848 qui nous a refaits citoyens! Alors la loyauté existait encore en politique. Ceux qui se disaient démocrates avaient des principes et mettaient leur honneur à les appliquer. Ils établissaient le suffrage universel et ils ne se défiaient pas de son verdict; ils n'enfermaient pas, dans de fausses formules, l'expression de sa volonté. Le premier acte du gouvernement républicain fut de reconnaître à la nation le droit de voter. La constitution donna au peuple le droit de nommer son chef, et le premier acte du peuple fut de confier le pouvoir à un Napoléon.

Voilà l'influence qu'avaient eue les pamphlets de la Restauration. De 1851 à 1871, les libellistes ont repris la plume. Ils la tiennent encore. Encouragés ou soudoyés par les Bourbons, des fils de la Révolution se sont acharnés contre Bonaparte; des royalistes, qui n'avaient besoin d'aucun aiguillon, ont repris toutes leurs vieilles calomnies. En attaquant Napoléon Ier, on visait Napoléon III; on voulait abattre le fondateur, pour saper l'édifice. Ces écrits, œuvre d'une polémique haineuse, toujours inspirés par les passions de la politique contemporaine, jamais par le souci de la vérité historique, sont destinés à l'oubli; ils n'ont ni le souffle du pamphlet ni l'impartialité de l'histoire. On outrageait le présent dans le passé, sans oser le dire, créant ainsi un genre hybride et faux, qui est allé chercher jusque dans l'histoire romaine, des allusions perfides et des sous-entendus transparents. Quand cette école étudiait Napoléon Ier, elle diminuait nos victoires et grossissait nos désastres; elle abaissait nos soldats et exaltait nos ennemis; elle s'efforçait surtout de dénigrer l'organisation de notre révolution pour glorifier les institutions étrangères. On admirait les Anglais, on s'intéressait aux Prussiens, aux Autrichiens, aux Russes, jamais aux Français.

Cette littérature se résume en une phrase de la lettre que M. Vitet, de l'Académie française, adressa le 1er janvier 1871, à M. le directeur de la *Revue des Deux Mondes:* « L'Empire est tombé, écrivait-il, comme il importait qu'il tombât, pour n'avoir plus à tenter de renaître... Eh bien, convenons-en, l'année qui a cet honneur de porter à son compte une telle délivrance, si meurtrière et si fatale qu'elle soit d'ailleurs, n'est pas une année stérile; il faut ne la maudire qu'à demi et ne lui lancer l'anathème qu'en y mêlant une profonde gratitude... J'entrevois un temps, au milieu de nos tristesses, où, tout compte fait, tout bien pesé, croyez-moi, nous la bénirons. »

Le second Empire tombé, une autre cause multiplia les libelles. Publier une brochure contre Napoléon Ier ou Napoléon III était un facile moyen de parvenir; les intrigants de toute sorte usèrent et abusèrent du procédé. On arrivait ainsi aux positions les plus hautes; il suffisait d'un peu de verve et de beaucoup de mauvaise foi. A la longue pourtant, cela devint fastidieux. Les libellistes commencent à se faire rares; l'histoire va peut-être reprendre son œuvre. C'est le moment qu'attendait sans doute M. Taine pour ajouter une dernière et suprême injure à ce ramas de calomnies.

Qu'est-ce donc que M. Taine? Quel est son système? Quelle est sa méthode, sa doctrine? Quelle est la philosophie qui l'inspire, la passion qui l'entraîne, la logique qui le guide? Comment un écrivain, estimé jusque-là par ceux mêmes qui le combattaient, a-t-il pu en arriver à ces derniers volumes de l'histoire de la Révolution, triomphe du sophisme et du paradoxe, et à ce portrait de Napoléon, qui a provoqué autant d'étonnement que d'indignation?

M. Taine est un entomologiste; la nature l'avait créé pour classer et décrire des collections épinglées. Son goût pour ce genre d'étude l'obsède; pour lui la Révolution française n'est que la « métamorphose d'un insecte[1] ». Il voit toute chose avec un œil de

---

1. Taine, *Origines de la France contemporaine*, t. Ier, préface, p. 5.

myope : il travaille à la loupe, et son regard se voile ou se trouble dès que l'objet examiné atteint quelques proportions. Alors, il redouble ses investigations ; il cherche un endroit où puisse s'appliquer son microscope ; il trouve une explication qui rabaisse, à la portée de sa vue, la grandeur dont l'aspect l'avait d'abord offusqué.

Critique littéraire, critique d'art, historien, philosophe, sa méthode ne varie jamais. Cœur sec, esprit étroit, fermé aux intuitions vives, comme aux impressions généreuses, analyste perpétuel, toujours armé de sa pince à dissection, et prenant plaisir à déchiqueter sa victime jusqu'aux dernières fibres, sans un cri de l'âme, sans une aspiration vers l'idéal, M. Taine, s'il apprécie une philosophie, veut connaître le bulletin médical de la vie du philosophe, et, s'il examine une œuvre d'art, l'état pathologique du sculpteur ou du peintre. Il démontrera que la morale de la Réforme trouve son origine dans l'usage de la bière; et, devant un tableau de maître, ayant à juger la chevelure d'une femme, il essayera de compter ses cheveux. Ses articles ne sont qu'une mosaïque, formée de phrases extraites avec patience de libelles antérieurs; on n'y sent aucune unité de travail; ce ne sont que des morceaux plaqués sur un mastic; on reconnaît d'un bout à l'autre de son œuvre un labeur de rapiéçage subtil, où l'écrivain enchevêtre, avec une habileté particulière, les passages qu'il copie et ceux qu'il invente.

Quand on borne son talent à une accumulation de petits faits, on devrait être au moins réservé dans ses conclusions et sobre de théories. Tout au contraire, M. Taine les prodigue, et sous une forme soi-disant scientifique, se lance à chaque instant dans l'idéologie pure. Dans le champ de la science humaine, il n'est aucun système que M. Taine n'ait la prétention d'avoir renouvelé. Ses livres, pourtant si divers, portent tous l'empreinte de cette folie métaphysique qu'il raille chez les autres. Après avoir amassé des documents en nombre énorme, son esprit, impuissant à dominer les matériaux dont il veut user, les brouille, les confond, les oublie, s'attache à quelque point imperceptible, à quelque côté justement délaissé, et, groupant les faits au rebours de leur importance, ordonnant les idées au rebours de leur valeur, enfante quelque chimère, où M. Taine se reconnaît, se complaît et s'admire. Adieu alors la clairvoyance, la précision, l'impartialité, la bonne foi ! La chimère s'empare de lui, elle l'entraîne, elle l'aveugle; rien n'existe plus de ce qui pourrait la combattre; tout doit s'y adapter, tout doit s'y asservir. Citations tronquées, sources suspectes, documents apocryphes, légendes extravagantes, textes falsifiés pour défendre et glorifier sa théorie, M. Taine emploie toutes ces armes avec une inconscience rare. C'est ainsi qu'il est parvenu à échafauder une série de systèmes, en littérature ou en philosophie. Mais l'histoire ne se prête pas à de tels jeux d'esprit, et l'historien qui s'y livre provoque le dédain.

Habitué à épiloguer sur l'infiniment petit, à expliquer ce qui nous semble élevé, par une cause inférieure, ignorée jusqu'à lui, M. Taine devait être et est matérialiste. Il n'a en cela rien renié de sa doctrine. En attaquant la Révolution française, avec plus de violence que Joseph de Maistre et plus de fanatisme que de Bonald, il est resté un simple matérialiste. C'est même au nom de la philosophie athée qu'il bafoue les idées libérales du xviii° siècle. Pour M. Taine, « l'homme est un animal méchant, un gorille féroce et lubrique[1] ». Rien de plus répugnant qu'une telle

1. Taine, *Origines de la France contemporaine*, t. III.

affirmation. Par la croyance à une origine divine et à une responsabilité devant Dieu, l'absolutisme de l'ancien régime lui-même gardait encore un reflet d'idéal; mais ces théories de marchand d'esclaves, cette politique de garde-chiourme soulèvent le cœur. Traiter ainsi la créature humaine, c'est la ravaler à l'état de brute irresponsable, et c'est à cela que la philosophie de M. Taine aboutit. Que lui parle-t-on de vice et de vertu? Servons-nous encore de ces mots, soit, mais sans y attacher le même sens qu'autrefois, sans croire qu'ils impliquent une idée quelconque de mérite ou de démérite. « Le vice et la vertu sont des produits comme le vitriol et le sucre[1]. » Est-ce pour cette phrase, que je note entre bien d'autres, que M. Taine est devenu l'oracle des cléricaux exaltés ?

Quand une telle philosophie l'accompagne

---

1. Taine, *Histoire de la littérature anglaise*, introduction, § 3, t. I, p. 15.

et le guide, l'esprit arrive vite au pessimisme le plus profond. J'ignore quels motifs ont pu amener, chez M. Taine, l'amertume que révèlent toutes ses productions. Je pourrais les rechercher si je suivais sa méthode; j'aime mieux en accuser sa philosophie seule. M. Taine voit surtout le mal, c'est le mal qu'il décrit et qu'il aime. Dans le dernier volume de son *Histoire de la Révolution*, comme dans la seconde partie de son étude sur Napoléon, il entasse horreurs sur horreurs, avec une sorte de joie maladive.

Une épopée comme la Révolution, une légende héroïque comme l'Empire, demandent un historien dont l'âme soit à la hauteur des événements qu'il raconte. Pour s'élever jusqu'à la compréhension de cette période extraordinaire, qui a renouvelé la face de l'Europe, et ébranlé l'humanité, il faut autre chose que le scepticisme d'un épicurien désabusé, ou le pédantisme d'un philosophe à

formules. Il faut des dons qui manquent à
M. Taine et que M. Taine n'aura jamais.

Après avoir dénoncé les vices et les
folies de l'ancien régime, dans une critique
presque toujours légitime, quoiqu'on y retrouve encore ce cachet de haine envieuse
qui est comme la marque distinctive de son
esprit, M. Taine s'en prend à la Révolution et
la qualifie de remède pire que le mal. Que
pouvaient cependant faire les Français ?
Soumis à un gouvernement intolérable, ils
voulurent le réformer, et, n'en déplaise à
tous les sophistes, la Révolution, ennoblie
par tant de hautes pensées et par de si généreuses aspirations, a eu, pour première
origine, un acte de simple bon sens. Elle
s'agrandit, elle se transforma sous le coup
des attaques réitérées de la cour et des privilégiés. M. Taine ne fait aucune allusion à la
guerre terrible qu'elle soutenait, à l'extérieur
comme à l'intérieur, ni à ces résistances qui

ont forcé la Révolution française à changer de caractère, et à rendre blessure pour blessure. On croirait, d'après ses écrits, être uniquement en présence d'une bande de frénétiques, marchant de destruction en destruction et de crime en crime, sans autre motif que le délire furieux qui s'est emparé d'eux.

M. Taine blâme Louis XVI d'avoir convoqué les états généraux, il blâme les états généraux de s'être proclamés constituants, il blâme la Constituante d'avoir détruit cet ancien régime qu'il juge lui-même si sévèrement. Il a fouillé les archives de Paris et des provinces; il relève soigneusement toutes les agitations de ces temps troublés. Pas un mot des complots des émigrés, de l'appel de la royauté à l'intervention étrangère, des lettres de la reine, assistant aux conseils pour pouvoir transmettre aux généraux autrichiens l'indication des mouvements de nos armées; pas un mot des grandes créations de l'Assemblée constituante, de ces beaux travaux qui ont institué le droit nouveau, et, fondé, sur des bases indestructibles, la société moderne. En revanche, l'historien notera, avec d'amples détails, toutes les rixes de village et jusqu'aux vols de bestiaux. C'est là ce qu'il appelle les *Origines de la France contemporaine*. En vérité, qui espère-t-il tromper?

Dans son quatrième volume, le *Gouvernement révolutionnaire*, M. Taine réédite les légendes cent fois réfutées; il reproduit des documents apocryphes, il consulte sans cesse, comme sources particulièrement autorisées, les rapports de ces espions étrangers et de ces agents royalistes, que la coalition entretenait à grands frais en France, et qui, pour justifier leurs traitements, lui fournissaient des impostures hebdomadaires. Aucun homme ne trouve grâce devant lui. Tous sont de simples bandits que l'histoire, on ne sait pourquoi, s'obstine à prendre pour des orateurs, des hommes d'État, des généraux, des patriotes. Au fond, tous se valent, girondins et montagnards, chefs des clubs et chefs des armées. M. Taine admet, dans sa préface, que cette conception de la Révolution française lui appartient en propre; il a raison. Les plus grands adversaires de la Révolution lui reconnaissaient, jusqu'alors, une sorte de grandeur satanique; pour M. Taine, l'histoire de la Révolution, c'est simplement le récit de la révolte d'un bagne, contre laquelle il n'y a d'autre justice que la mitraille.

Soldat et chef de la Révolution, Napoléon devait être outragé par M. Taine. L'historien ne pouvait épargner ce héros national et légendaire. Il ne pouvait avouer que sa critique mordrait en vain sur ce granit. Qu'a-t-il fait? Il a compilé les manifestes de la Sainte-Alliance, les pamphlets de la Restauration, les mémoires ou pseudo-mémoires des ennemis de la France et de l'Empereur; il s'est inspiré de leur esprit, il leur a emprunté des pages entières.

Cette méthode est indigne d'un écrivain sérieux. L'historien ne s'égare pas dans les faits qu'il raconte; il les compare, il les éclaire. Son esprit les a classés, sa conscience les a pesés, son intelligence s'en est pénétrée. Il juge de haut cet ensemble; il écarte toutes les voix d'en bas pour rendre son verdict.

M. Taine ne se borne pas à consulter uniquement les libellistes; dans ces écrits dictés par l'intérêt, par des rancunes personnelles, par des motifs inavouables, il choisit les mots violents, les brutalités de langue, les expressions échappées même à des pamphlétaires. Fidèle à ses habitudes d'entomologiste, il en fait collection. Contradictions perpétuelles, exagérations sans prétexte, assertions sans contrôle, inventions monstrueuses ou grotesques, peu lui importe, cela fait nombre. Parfois il est entraîné, malgré lui, par cette figure colossale de Napoléon. Il cède à la fascination de la grandeur, mais vite il se reprend, il se déjuge, il se venge sur lui-même d'avoir avoué des vérités qui sont hors de la thèse qu'il s'est imposée. Il se remet à l'ouvrage, il aggrave ses prémisses, il marche de négation en négation, trébuche à chaque pas, s'empêtre dans les événements et dans les textes. Il a perdu le discernement, il perd le bon sens. Il est affolé lui-même par la chimère qu'il a créée, et il arrive à dessiner un portrait de Napoléon, avec l'inconscience d'un halluciné.

Napoléon, dit-il, n'est pas Français : c'est un Italien, un condottiere ; il faut remonter pour le comprendre jusqu'aux petits tyrans italiens du xive et du xve siècle, jusqu'aux Castruccio-Castracani, aux Braccio de Mantoue, aux Piccinino, aux Malatesta de Rimini, aux Sforza de Milan[1].

Ainsi Napoléon, qui a porté si loin la gloire de la France, Napoléon, dont le nom symbolise, jusqu'aux extrémités du monde, l'éclat impérissable du génie français, Napoléon, qui s'est incarné dans notre chair et notre sang, dans nos pensées, dans nos institutions, si profondément qu'on ne peut plus concevoir sans lui la France moderne, Napoléon est étranger à la France ! L'auteur du Concordat et du code civil, le vainqueur d'Austerlitz et d'Iéna est un condottiere italien, un tyranneau des petites républiques du moyen âge ! Plus loin, M. Taine cherche un degré de plus dans le paradoxe. Reconnaissant du moins à l'Empereur quelque grandeur, dans l'infamie, il le compare aux Borgia[2]...

---

1. Taine, *Revue des Deux Mondes*, 15 février 1887, p. 722, 729, 733.
2. *Revue des Deux Mondes*, 1er mars 1887, p. 14.

Citer de pareilles insanités, c'est les juger.

D'après M. Taine, Napoléon a été « anti-Français pendant toute son enfance ». A Brienne, il disait à son condisciple Bourrienne : « Je ferai à tes Français tout le mal que je pourrai. » Bourrienne est un écrivain singulièrement suspect et dont j'examinerai plus loin l'autorité; mais, quand on cite Bourrienne, au moins faut-il le citer textuellement. Or, que dit Bourrienne? Que Bonaparte, alors âgé de neuf ans, était « aigri par les moqueries des élèves qui le plaisantaient souvent et sur son prénom et sur son pays », et que Bourrienne cherchait à le calmer, ce à quoi l'enfant répondait : « Toi, tu ne te moques jamais de moi, tu m'aimes[1]. » Ce dialogue si naturel, presque touchant chez des enfants, devient entre les mains de M. Taine une arme contre Napoléon. Il lui

1. *Mémoires de Bourrienne*, t. Ier, p. 33, 34.

sert de pierre angulaire pour échafauder tout un système sur les sentiments du futur Empereur envers la France. Peut-on pousser plus loin l'art d'exprimer des textes ce qu'ils ne contiennent pas?

Napoléon, comme tous les Corses à l'âme fière, était dans sa jeunesse un grand admirateur de Paoli. Paoli était le défenseur de la liberté corse, il s'était acquis une réputation universelle, il avait l'estime et la sympathie de tous les esprits élevés de l'Europe. En 1789, l'Assemblée nationale proclama, par un décret unanime, Paoli, citoyen français, et l'admit aux honneurs de la séance. Que le jeune Bonaparte l'ait considéré comme son maître et son modèle, cela ne peut surprendre; tout autre que M. Taine verrait, dans cet amour pour Paoli, l'attrait qui pousse un cœur généreux vers l'héroïsme et le malheur. Rentré en Corse, Paoli la gouverna de nouveau. Napoléon Bonaparte, dont il avait, semble-t-il, deviné le génie, devint, quoique fort jeune, son ami personnel. Mais, en 1793, Paoli se sépare de la France et appelle les Anglais. Les Bonaparte n'ont pas une minute d'hésitation; ils se déclarent contre lui. Chassés d'Ajaccio, par les ennemis de la France, leur maison est brûlée; eux-mêmes sont poursuivis jusque dans le maquis, où ils ont dû, à la hâte, chercher un asile. Après les jours les plus sombres, ils parviennent à se réfugier sur la côte, dans la tour de Girolata, et, s'embarquant au milieu des angoisses, atteignent Toulon, puis Marseille. Ces prétendus anti-Français fuyaient la Corse, pour gagner à tout prix la France.

Un des plus vifs souvenirs de ma jeunesse est le récit, fait par mon père, de l'arrivée de notre famille dans une pauvre maison des allées de Meilhan. Sans ressources, sans appui, dans une misère profonde, ces proscrits, victimes de leur amour pour la France, n'avaient pour guide que leur mère, vaillante femme qui, à toutes les heures d'épreuves, fut toujours leur conseil et leur soutien. Mon père ajoutait qu'un spectacle était resté profondément gravé dans sa mémoire d'enfant : en arrivant, il avait vu passer sous ses fenêtres des charrettes de condamnés qu'on menait à la guillotine!... C'est à cette anarchie sanglante que Napoléon devait arracher son pays.

Avec l'incohérence calculée de ses procédés, M. Taine accumule sans méthode, sans lien logique et sans gradation, les accusations qu'il dirige contre Napoléon. Force m'est bien de le suivre dans l'ordre successif qu'il m'impose.

« Napoléon ignore sa langue », et ne sait pas écrire[1].

1. Taine, *Revue des Deux Mondes*, 15 février 1887, p. 726.

Si la langue n'est que l'orthographe, accompagnée d'une certaine harmonie, c'est possible; mais si savoir écrire, c'est user des mots justes, précis, clairs, imagés, nerveux; si savoir écrire, c'est se faire toujours admirablement comprendre en instruisant et en entraînant le lecteur, l'auteur des proclamations à l'armée d'Italie, des bulletins de la Grande Armée, des milliers de lettres traitant d'une multitude d'objets, marquées toutes au sceau du même style, l'auteur des dictées de Sainte-Hélène, de ces traités sur l'art militaire, chefs-d'œuvre d'exactitude et de concision, de ces campagnes d'Italie et d'Égypte, modèles inimitables du récit historique, savait écrire et n'ignorait rien de la langue française. Nul écrivain n'a su, comme lui, faire vibrer les cœurs, nul ne les a plus profondément émus et captivés.

« Napoléon au lieu de subordonner sa personne à l'État, subordonne l'État à sa personne[1]. »

Napoléon travaillait douze, quinze heures par jour ; jamais il n'a permis au plaisir de dérober une heure, au temps qu'il consacrait aux affaires de la nation. Il dédaignait le luxe, couchait sur la dure, courait sans relâche d'une extrémité à l'autre de la France ou de l'Europe, n'hésitait jamais, ne reculait jamais dès que l'intérêt public était en jeu. Il économisait, sur sa liste civile, pour pouvoir venir en aide au trésor national. Une idée absorbait sa vie, un sentiment dominait tous ses actes : l'idée de la grandeur de la France, le désir passionné de la rendre toujours plus prospère, toujours plus puissante. Au dernier jour de sa prodigieuse carrière, après sa seconde abdication, pendant que les Bourbons s'avançaient derrière

---

1. Taine, *Revue des Deux Mondes*, 1ᵉʳ mars 1887, p. 42.

les alliés, pendant que tant de généraux et de ministres ne songeaient qu'à sauver leur fortune et leurs dignités, en négociant avec les Bourbons et l'ennemi, seul, il pense encore à la patrie.

Au bruit du canon prussien attaquant Aubervilliers, son génie s'émeut encore. Les Prussiens de Blücher se sont aventurés à soixante lieues de leur base d'opération, l'armée anglaise est à deux journées de marche derrière eux. Napoléon, retiré à la Malmaison, offre de se mettre à la tête de l'armée comme général, de fondre sur les Prussiens qui ont à peine soixante mille hommes à opposer à soixante-quinze mille Français de Davoust, et promet, après les avoir châtiés de leur témérité de « se rendre aux États-Unis pour y accomplir sa destinée[1] ». Il fait seller ses chevaux, endosse

---

1. *Relation de la mission du lieutenant-général Becker auprès de l'empereur Napoléon.* Clermont-Ferrand, 1841.

son uniforme, mande auprès de lui le général Becker, engage sa parole de soldat de ne pas garder le commandement une heure après la victoire certaine, et le général Becker va transmettre à la commission exécutive cette suprême inspiration du patriotisme et du génie. Le général Becker fut reçu par Fouché, qui prit seul la parole et répondit au nom de ses collègues silencieux[1]. Si Napoléon, au lieu de s'attarder à vouloir combattre encore, fût parti, sans perdre un instant, sur une des deux frégates françaises qui l'attendaient à Rochefort, il eût traversé la croisière anglaise qui n'avait pas encore resserré son blocus, et eût évité Sainte-Hélène. C'est ainsi qu'il sacrifiait la France à sa personnalité.

Napoléon est un convulsionnaire, la tension des « impressions accumulées » aboutit

---

1. *Correspondance du maréchal Davoust*, publiée par sa fille madame de Blosseville, page 189.

chez lui à des « convulsions physiques[1] ».

On cherche aussitôt la preuve de cette assertion. Et que voit-on? Simplement que Napoléon, lorsqu'il était impressionné par une vive douleur, répandait des larmes, comme le reste des hommes. Il pleure au chevet de Lannes, son ami mourant; il pleure en apprenant la capitulation de Baylen; il pleure en se séparant de Joséphine. Qu'en faut-il conclure? Qu'il était, comme le dit Bourrienne, dans une phrase citée en note par M. Taine, « sensible, bon, accessible à la pitié »? — Non, cette explication est trop simple. Bourrienne, dans ce même passage, ajoute que Napoléon avait, — le mot n'est pas trop fort, — « de la bonhomie[2] ». M. Taine se garde bien de rappeler ces mots. Si Napoléon est sensible, c'est qu'il est névropathe;

1. Taine, *Revue des Deux Mondes*, 1ᵉʳ mars 1887, p. 10.
2. *Mémoires de Bourrienne*, t. III, p. 231 (et non t. II, p. 119, selon M. Taine).

ses pleurs sont une « convulsion physique ». D'autres ont dit qu'il était facile à émouvoir, M. Taine dira qu'il était « détraqué ».

Napoléon est lâche en Provence; quand il se rend à l'île d'Elbe, « il a peur et ne songe pas à s'en cacher[1] ».

La populace du Midi avait massacré les royalistes en 1792, et les républicains en 1795; en 1814, elle criait : « Vivent les alliés! » insultait l'uniforme français et acclamait le drapeau ennemi. Des sicaires cherchèrent à assassiner l'Empereur, et se consolèrent d'avoir échoué, en égorgeant, l'année suivante, le maréchal Brune. Atteint plus encore dans son patriotisme que dans sa personne, l'Empereur fut, il est vrai, douloureusement affecté par le déchaînement de ces odieuses passions. M. Taine prétend qu'il eut peur, et manifesta sa peur. Je

1. Taine, *Revue des Deux Mondes*, 1er mars 1887, p. 11.

ne crois pas devoir discuter la lâcheté de Napoléon; je me borne à signaler l'autorité sur laquelle M. Taine s'appuie : c'est la *Nouvelle Relation de l'itinéraire de Napoléon de Fontainebleau à l'île d'Elbe*, par le comte Waldburg-Truchsets, commissaire nommé par le roi de Prusse (1815)[1]...Je n'ajoute rien.

Napoléon, quand il est enfant, « mord et bat son frère Joseph »; quand il est empereur, il se collette avec son frère Louis, « le saisit par le milieu du corps, et le jette hors de son appartement[2] ».

Les rapports de Napoléon et de ses frères sont ainsi éclairés d'une lumière nouvelle; il fallait M. Taine pour les résumer en ces traits saisissants. L'écrivain invoque Miot de Mélito, dont je discuterai l'autorité; il s'embrouille à ce point dans ses notes, qu'il ne peut même

1. Taine, *Revue des Deux Mondes*, 1er mars 1887, p. 11, note.
2. Taine, *Revue des Deux Mondes*, 1er mars 1887, p. 6 et 13.

pas indiquer exactement sa citation [1]. Mais que nous importent ces anecdotes puériles ou controversées? L'histoire s'appuie-t-elle sur de pareils commérages?

Napoléon, discutant avec Volney la question du Concordat, lui donne « un tel coup de pied dans le ventre que, transporté chez un ami, celui-ci reste malade au lit pendant plusieurs jours. Dans un dîner en Égypte, il renverse une carafe d'eau sur une jeune femme, pour pouvoir l'entraîner dans son appartement et abuser d'elle [2] ».

Tout cela est pour prouver que « le jeu de la machine nerveuse » était « pareil » chez Napoléon et chez « les Borgia ». On ne nous dit pas quel est le premier inventeur de ces calembredaines. M. Taine, en note, se réfère à Bourrienne; mais sa référence est fausse, car Bourrienne, à la page indiquée, ne fait

1. Miot de Mélito, t. II, p. 257 (et non t. Ier, p. 207).
2. Taine, *Revue des Deux Mondes*, 1er mars 1887, p. 6 et 71.

aucune allusion au dîner pas plus qu'à la carafe. J'éprouve, en vérité, quelque dégoût rien qu'à transcrire ces turpitudes.

En 1813, à Dresde, Napoléon « jette à la face de M. de Metternich une insulte gratuite[1] ».

M. de Metternich a toujours nié cet outrage. Dans sa grande *Histoire du Consulat et de l'Empire*, M. Thiers, qui avait souvent entretenu le prince de Metternich, est très affirmatif sur le fait de la déclaration du prince. Il rappelle toutefois qu'*on prétend* que des outrages auraient été proférés. Qui est cet « on »? La phrase de Napoléon sur l'or anglais, que rapporte M. Taine, peut d'ailleurs s'expliquer sans qu'elle constitue une insulte personnelle et directe. L'Autriche venait de signer le traité de Reichenbach qui liait, moyennant la promesse d'un subside, la cause de l'Autriche à celle de l'Angleterre.

1. Taine, *Revue des Deux Mondes*, 1ᵉʳ mars 1887, p. 9.

Mais M. Taine veut que l'Empereur ait outragé le ministre autrichien ! Il invoque, comme argument d'analogie, les emportements de Napoléon vis-à-vis d'Hudson Lowe, et cite, avec componction, les lettres et papiers de ce geôlier. Hudson Lowe a droit en effet à toutes les sympathies de M. Taine. Sa dignité, sa hauteur, son impartialité le rendent évidemment précieux à un philosophe qui se pique d'écrire l'histoire !

Napoléon fait une scène violente à Portalis, directeur de la librairie; « il l'apostrophe en plein conseil d'État » et le chasse de sa présence, pour n'avoir pas « dénoncé son cousin nominativement », ce qui démontre que les fonctionnaires de Napoléon étaient tenus de « lui livrer leur for intérieur, leur foi de catholique ou leur honneur d'honnête homme[1] ».

---

[1] Taine, *Revue des Deux Mondes*, 1ᵉʳ mars 1887, p. 25

Le cardinal Maury, nommé en 1810 archevêque de Paris par Napoléon, n'avait pas reçu du pape l'institution canonique. A la tête du chapitre de Notre-Dame se trouvait un abbé d'Astros, plus tard cardinal, prêtre fanatique, violemment hostile à l'Empereur et cousin de Portalis. Ce chanoine, aussi exalté dans sa conduite que dans son langage, s'était arrogé la mission de surveiller son évêque le cardinal Maury. Il le contrariait en tout, lui prodiguait les inconvenances et les insultes, jusqu'à se rebeller, quand on portait devant lui la croix, insigne de la dignité épiscopale.

L'abbé d'Astros était en communication directe et secrète avec le pape. Le ministre de la police en avait acquis la certitude, en saisissant un bref, dont le but était d'empêcher les évêques nommés de prendre l'administration de leur diocèse.

Ce bref se répandit rapidement dans Paris

et y causa un grand scandale. Napoléon ordonna aussitôt une enquête. Il apprit que l'abbé d'Astros avait, quelques jours auparavant, montré le bref à son cousin, directeur de la librairie, sans que celui-ci eût pris aucune mesure à ce sujet. Tous ces faits sont racontés par M. le comte d'Haussonville, peu suspect de complaisance vis-à-vis du premier Empire; il emprunte lui-même ses renseignements à un mémoire manuscrit de l'abbé d'Astros et à une vie apologétique de ce prélat, par le R. P. Causzette.

L'Empereur fut outré. Après le Concordat, ce grand acte, tout ce qui tendait à envenimer les querelles religieuses lui était particulièrement pénible. Un autre motif porta au comble son irritation. Il ne put voir, de sang-froid, Portalis s'associer à des menées qui avaient pour but de faire à la politique impériale une opposition perpétuelle. Il n'est pas sans intérêt de rappeller la carrière de Portalis.

Fils du grand Portalis, un des auteurs du code civil, le comte Joseph-Marie Portalis avait été comblé des faveurs de Napoléon. Au 18 Brumaire, son père et lui étaient proscrits. Pendant que le consul Bonaparte élevait son père aux plus éminentes fonctions, le jeune Portalis entrait dans la diplomatie. En dix ans, il franchit tout les degrés de la hiérarchie, et arriva à des postes importants. Napoléon, le trouvant mêlé à une conspiration sourde contre son autorité, lui rappela durement que, comme fonctionnaire et comme homme, il lui devait tout. La scène du conseil d'État eut lieu le 5 janvier 1811. Quelques mois avant, Joseph-Marie Portalis avait été, par grâce spéciale, créé comte de l'Empire, avec une dotation annuelle de dix mille francs. Et, deux années plus tard, en 1813, Napoléon pardonnait à Portalis et le nommait, à trente-cinq ans, premier président de la cour d'Angers. Après avoir servi tous les régimes, Joseph-Marie Portalis est mort sénateur du second Empire. Il sera difficile après cela de le transformer en une victime du tyran.

« Napoléon fait à M. de Talleyrand, à son retour d'Espagne, une scène outrageante et inoubliable[1]. »

Talleyrand, pendant le séjour de Napoléon en Espagne, avait conspiré sourdement. Entraîné par cet esprit d'intrigue ambitieuse qui a dominé toute sa vie, se sentant dévoilé, il rêvait d'un gouvernement nouveau amené par la mort de l'Empereur. Il lui paraissait probable qu'à force de chercher le péril, Napoléon trouverait une fin prochaine sur le champ de bataille. Il s'était rapproché de Fouché, après avoir été longtemps son adversaire. Ces deux hommes, bien faits pour s'entendre, s'étaient promis de

---

1. Taine, *Revue des Deux Mondes*, 1ᵉʳ mars 1887, p. 9.

trahir, le cas échéant, l'Empire dont ils étaient les hauts dignitaires.

Talleyrand vendait ouvertement son influence. Plusieurs fois déjà, l'Empereur avait dû intervenir pour réprimer sa soif d'argent. Quand Napoléon connut ses desseins et le langage scandaleux que tenait le vice-grand-électeur, quand il connut les accusations perfides que Talleyrand lançait contre lui, son affectation à se poser en conseiller méconnu, ses diatribes contre des actes dont il avait été l'instigateur, le souverain offensé voulut rappeler le ministre à la pudeur. Il avait perdu toute illusion sur sa fidélité, il savait que Talleyrand ne songeait plus qu'à lui-même. Avait-il tort de penser ainsi? M. de Metternich, qui a longtemps fréquenté Talleyrand et qui a eu recours à son aide, pour renverser Napoléon, juge en ces termes sévères son complice et son ami :

« M. de Talleyrand était une intelligence

hors ligne. Je l'ai vu d'assez près pour l'étudier à fond et reconnaître qu'il était fait pour détruire encore plus que pour conserver. Prêtre, il fut entraîné par son tempérament dans les voies antireligieuses; noble de naissance, il plaida pour l'abdication de la noblesse; sous le régime républicain, il complota contre la République; sous l'Empire, il fut *constamment* à conspirer contre l'Empereur; sous les Bourbons enfin, il travaille à renverser la dynastie légitime [1]. »

M. de Metternich fournit une preuve des intrigues de Talleyrand, dans un rapport qu'il adresse à son souverain, à la date du 4 décembre 1808, lors de l'entrevue d'Erfurt : « Talleyrand se présenta dès les premiers jours de son arrivée chez l'Empereur Alexandre, et lui dit ces paroles mémorables : « Sire, que venez-vous faire ici? c'est à

---

1. *Mémoires du prince de Metternich*, t. I, p. 70.

» vous de sauver l'Europe, et vous n'y par-
» viendrez qu'en tenant tête à Napoléon. Le
» peuple français est civilisé, son souverain
» ne l'est pas : le souverain de la Russie est
» civilisé, et son peuple ne l'est pas, c'est donc
» au souverain de la Russie d'être l'allié du
» peuple français. » Le résultat des conférences que m'annonça M. de Talleyrand, dès son retour à Paris, se résumait dans sa conviction que, depuis la bataille d'Austerlitz, les rapports d'Alexandre avec l'Autriche n'ont point été plus favorables. « Il ne dé-
» pendra que de vous, me dit-il, et de votre
» ambassadeur à Pétersbourg, de renouer
» avec la Russie des relations aussi intimes
» que celles qui existèrent avant cette époque
» C'est cette réunion seule qui peut sauver
» les restes de l'indépendance de l'Europe[1]. »

Dans une autre autre dépêche, M. de Met-

---

1. *Mémoires du prince de Metternich*, t. II, p. 248.

ternich écrit de Paris à M. de Stadion à Vienne : « Je ne saurais rien ajouter à ce que j'ai mandé par mon dernier courrier sur le compte de M. de Talleyrand. Je le vois, lui et son ami Fouché, toujours de même, très décidé à saisir l'occasion, si cette occasion se présente, mais n'ayant pas assez de courage pour la provoquer[1]. »

Napoléon avait-il donc tort de reprocher à Talleyrand ses intrigues et ses trahisons, et d'y mettre quelque vivacité ? — Je laisse à tous les honnêtes gens le soin de répondre.

Napoléon « offre à Marmont, qui le refuse, l'occasion de voler une caisse[2] ».

Pavie était à sac, le général Bonaparte envoie Marmont, son aide de camp, chercher le trésor du receveur de la ville, pour le sauver du pillage. L'officier s'acquitte ponctuellement de sa mission. Plus tard, le géné-

---

1. *Mémoires du prince de Metternich*, t. II. p. 262.
2. Taine, *Revue des Deux Mondes*, 1ᵉʳ mars 1887, p. 17.

ral Bonaparte aurait reproché à Marmont de n'avoir pas gardé cet argent[1].

Ce récit est inadmissible. Napoléon était d'une intégrité inflexible, et ne tolérait pas qu'on y manquât. Ses plus grands ennemis ont reconnu qu'il voulait imposer à son gouvernement la probité la plus rigide. Comment aurait-il blâmé Marmont d'avoir fait son devoir ?

Marmont a trahi l'Empereur et la patrie, le dernier jour de la campagne de France. Il a traîné, pendant tout le reste de son existence, le poids accablant de cette trahison. En butte à la haine et au mépris, suspect aux Bourbons eux-mêmes, et accusé, en 1830, par le duc d'Angoulême qui lui arracha son épée, Marmont est mort à Vienne, où il s'était réfugié. Dans ses mémoires, œuvre d'une âme attristée et aigrie, il n'a pas ménagé le

---

1. *Mémoires de Marmont, duc de Raguse*, t. I, p. 180.

souverain, que sa défection avait précipité du trône. Lui, l'ami et le confident de Bonaparte en Italie, savait et devait se rappeler qu'au moment où le duc de Parme signait un traité avec le général Bonaparte, ce prince offrit au vainqueur *deux millions en or*, pour obtenir un adoucissement au traité, et que le général, repoussant avec mépris ces millions pour son compte, les fit aussitôt verser au trésor de l'armée. Mais la haine du traître pour son bienfaiteur aveuglait Marmont, et il a ajouté, à un incident vrai de la révolte de Pavie, une fausse anecdote, que M. Taine a naturellement recueillie.

Napoléon, qui avait le caractère des Borgia, avait aussi leurs mœurs; « il a séduit ses sœurs l'une après l'autre[1] »...

Ici je n'éprouve pour l'écrivain qui reproduit de telles infamies qu'un sentiment de commisération.

1. Taine, *Revue des Deux Mondes*, 1er mars 1887, p. 6.

3.

Voilà où aboutit M. Taine, voilà le portrait qu'il trace, les faits qu'il imagine, les jugements qu'il porte, et voilà ce qu'il appelle la philosophie de l'histoire, l'explication des grands hommes, par les causes qui les ont produits!

Et je n'ai rapporté que les outrages les plus saillants.

La méthode analytique, si elle est appliquée de bonne foi, par une main sûre d'elle-même, peut rétrécir l'histoire, sans la fausser cependant. Mais M. Taine apporte, dans son travail, une confusion, une mauvaise foi extraordinaires. La plupart de ses références sont inexactes. Il confond et rapproche les faits les plus éloignés, les plus disparates. Deux exemples suffiront pour faire apprécier sa fidélité d'historien.

Les lettres de Napoléon à son fils adoptif, le vice-roi d'Italie, témoignent de la plus vive sollicitude ; généralement fort élogieuses, elles contiennent des leçons de politique et de gouvernement du plus haut intérêt. M. Taine ne trouve à relever dans cette correspondance qu'*une lettre de Napoléon*, août 1806, *tirée*, dit-il, *des Mémoires du prince Eugène*[1].

De cette lettre, M. Taine reproduit les passages suivants : « Si vous demandez à Sa Majesté des ordres ou des avis pour changer le plafond de votre chambre, vous devez les attendre ; et si, Milan étant en feu, vous lui en demandiez pour l'éteindre, il faudrait laisser brûler Milan et attendre les ordres... Sa Majesté est mécontente de vous. Vous ne devez jamais faire ce qui lui appartient ; elle ne le voudra jamais ; elle ne le pardonnera jamais[2]. »

---

1. Taine, *Revue des Deux Mondes*, 1ᵉʳ mars 1887, p. 28, note 3.
2. Taine, *Revue des Deux Mondes*, 1ᵉʳ mars 1887, p. 28.

La seule édition qui existe des *Mémoires du prince Eugène* renferme vingt-six lettres de Napoléon au vice-roi d'Italie, en août 1806. *Aucune* ne contient les phrases rappelées plus haut. Au lieu d'une lettre de Napoléon, M. Taine a copié une lettre *de Duroc*, en date du 31 juillet 1805. Duroc était étroitement lié avec le prince Eugène qui, en juillet 1805, venait d'être appelé à la vice-royauté d'Italie. L'ami, écrivant à l'ami, exagérait, par une boutade de soldat, la pensée de l'Empereur; il la tendait jusqu'à l'absolu, jusqu'à l'absurde : c'était une plaisanterie. M. Taine a eu sous les yeux la lettre de Duroc, puisqu'il la transcrit. Il la donne cependant comme étant de Napoléon, il en change la date, et il la prend au sérieux.

Voici un autre exemple :

« Il... (Napoléon) divulgue les secrets de la vie privée de son adversaire, de son cabinet, de son alcôve; il diffame ou calomnie ses ministres, sa cour et sa femme[1]... »

Il s'agit ici du roi d'Espagne et M. Taine cite, à l'appui de son assertion, la note qui suit, et dont il faut signaler le perfide agencement :

> Lettre au roi d'Espagne, 18 septembre 1803, et note au ministre espagnol des affaires étrangères sur le prince de la Paix, ce favori, « parvenu par la plus criminelle des voies à un degré de faveur inouï dans les fastes de l'histoire... Que Votre Majesté éloigne d'elle un homme qui, conservant dans son rang les passions basses de son caractère, n'a existé que par ses propres vices. »

Le texte guillemetté de la citation, coupé par des points de suspension, confond deux documents très distincts. En réalité, la première phrase est extraite d'une note écrite par Talleyrand au ministre des affaires étrangères d'Espagne à qui il avait bien le droit de parler librement, et la seconde de

1. Taine, *Revue des Deux Mondes*, 1ᵉʳ mars 1887, p. 34.

la lettre de l'Empereur au roi. Toutes deux, choisies à dessein, ont été réunies pour faire oublier la diversité de leur destination et pour en fausser le caractère. Leur ensemble, invoqué comme pièce probante, paraît indiquer que Napoléon a révélé au roi d'Espagne les amours de la reine et du prince de la Paix. Reproduire des textes, en les découpant et en les amalgamant de la sorte, constitue un acte d'improbité historique, — je ne veux pas dire un faux.

Bonaparte, en 1803, fit donc tenir une note à M. de Cevallos, ministre des affaires étrangères d'Espagne, pour l'éclairer sur le prince de la Paix. En même temps, il écrivait directement au roi d'Espagne, pour le supplier de reprendre les rênes du gouvernement. Dans cette lettre, qui est un modèle de mâles pensées et de ferme langage, le premier consul donnait au malheureux Charles IV un conseil, que ce souverain était malheureusement incapable de suivre. « Si Votre Majesté, disait-il, me demande le remède à des malheurs prochains, je ne puis lui faire qu'une réponse dans laquelle elle reconnaîtra ma sincérité et mon amitié pour elle : *qu'elle remonte sur son trône*[1]. » — Un chef d'État pouvait-il parler plus dignement à un monarque, son allié ? Et Bonaparte n'écrivait-il pas, avec une extrême modération, quand on pense au spectacle que présentait alors la cour d'Espagne ? Il était réservé à M. Taine d'entreprendre la réhabilitation d'Emmanuel Godoy.

Il lui était également réservé d'écrire l'histoire de Napoléon, en n'écoutant que le témoignage de ses adversaires et de ses ennemis : Bourrienne, madame de Rémusat, madame de Staël, l'abbé de Pradt, le prince de Metternich, Hudson Lowe, voilà les auto-

---

1. *Correspondance de Napoléon* Ier, t. VIII, p. 680, n° 7113.

rités sur lesquelles il s'appuie. Il cite vingt et une fois madame de Rémusat, quatorze fois Miot de Melito, huit fois Bourrienne, huit fois le prince de Metternich, six fois l'abbé de Pradt. Cela n'est pas assez encore. Les pires calomnies, les plus honteuses, les accusations qui transforment l'Empereur en assassin et ses ministres en sicaires [1], il les puise dans les mémoires inédits de M. X..., source facile à vérifier et à contrôler! Quel est ce M. X...? Talleyrand ou Bourmont, Fouché ou Peltier, Pasquier ou Sarrazin, un pamphlétaire aux gages de l'Angleterre, un ministre traître à son pays, ou un général déserteur de son drapeau? Où sont ces mémoires? Qui les détient? Qui les possède? Qui les fabrique? On a le droit de le savoir; M. Taine ne saurait se borner à jeter un nom ou un X au hasard.

1. Taine, *Revue des Deux Mondes*, 1er mars 1887, p. 27.

Voilà les répondants de M. Taine. A peine s'il ouvre la *Correspondance de Napoléon* qu'il traite avec méfiance, sans doute parce que c'est moi qui ai eu l'honneur de présider à sa publication. Il ignore les dictées de Sainte-Hélène et tout ce prodigieux ensemble de récits et de réflexions, où l'Empereur s'est peint et s'est jugé lui-même. Les ministres qui l'ont fidèlement servi : Bignon, Gaudin, Mollien, Boulay de la Meurthe, Champagny, Caulaincourt, Maret, Savary, Bertrand; les hommes qui ont vécu dans l'intimité de son travail, Fain, La Valette, Méneval; ceux qui l'ont vu, connu, suivi dans la bonne et la mauvaise fortune, et qui, sans haine et sans crainte, sans intérêt et sans passion, ont dit la vérité devant la postérité; ces généraux, ces soldats, ces écrivains, ces savants, ces artistes, tous ces hommes dont les noms seuls empliraient plusieurs pages, tous sont suspects ou inconnus à M. Taine.

Il ignore aussi bien Thiers que Norvins, Laurent de l'Ardèche qu'Armand Carrel, Béranger que Pierre Leroux. Il ignore le républicain Vaulabelle, dont l'histoire est un monument pour les années 1814 et 1815, et le légitimiste Chateaubriand qui, éclairé par les événements et confiant sa dernière pensée à la postérité, a su parler, en termes magnifiques, de ce Napoléon qu'il avait si longtemps outragé.

Il passe sous silence toute l'histoire militaire de Napoléon ; le général disparaît à ses yeux. Par une lacune incroyable de son esprit et de son cœur, la lutte épique, soutenue par la France contre l'Europe, lui paraît chose indifférente ou secondaire, ou pour mieux dire, elle n'existe pas pour lui. La guerre de la Révolution contre le vieux monde, guerre qui remplit, domine, explique toute cette période, cet étrange historien l'oublie. Il arrive à cet extraordinaire paradoxe d'écrire, sur Napoléon, de longues pages, sans qu'il soit fait même une allusion à son génie militaire. Arcole, Rivoli, Marengo, Austerlitz, Iéna, Friedland, Montmirail, toutes ces victoires, dont les noms, inscrits par centaines sur nos drapeaux, nous restent comme un inépuisable trésor de gloire et d'honneur, comme un patrimoine intangible qui nous servira à reconstituer tous les autres, M. Taine les dédaigne. Tous ces vulgaires incidents sont incapbles de troubler un tel philosophe.

Qu'il le sache pourtant : l'âme d'un peuple est faite de tels souvenirs. La patrie, ce n'est pas le sol d'une nation, c'est encore et surtout son histoire. A ces « pauvres Gaulois confiants et crédules », dont parle avec mépris ce sceptique, Napoléon a donné le bien qui leur est le plus cher ; il leur a donné l'estime d'eux-mêmes, la confiance en leur valeur, le renom d'un courage sans bornes et d'une énergie sans mesure. C'est, aux jours passagers de nos revers, qu'on peut apprécier surtout ce bien précieux.

Dans les tristesses du temps présent, la seule consolation, le seul encouragement, c'est, pour le Français, digne de ce nom, de se réfugier dans nos grands souvenirs. La gloire de Napoléon est une propriété nationale; qui y touche commet un crime de lèse-nation.

M. Taine ne nous trouve donc pas assez diminués, assez menacés, assez désemparés, qu'il lui faille encore ternir le passé de la France! Eh bien, soit! L'étranger est aux fenêtres et écoute avec satisfaction. Il était satisfait aussi en 1814 et en 1871.

En 1814, quelques émigrés, épave de nos révolutions et de nos guerres, enfin victorieux après tant de défaites, acclament les envahisseurs qu'ils appelaient depuis vingt-cinq ans. Ils veulent fêter la présence de l'étranger, en jetant bas l'image du défenseur de la France. Leur corde infâme se brise.

Plagiaire des hommes de 1814, et, comme eux, accourue au bruit de nos malheurs, en 1871, une tourbe, reniant la patrie, s'attaque à la colonne de la Grande Armée. En la renversant, c'est l'idée même du devoir militaire et de la grandeur nationale qu'ils espèrent à jamais détruire. Leur œuvre s'accomplit. Quelques années plus tard, la colonne se relève, et Napoléon, tenant en main, comme un souvenir et une espérance, la statue de la victoire, se dresse encore sur son sommet.

Déboulonneur académique, M. Taine a sa place marquée entre les iconoclastes de 1814 et les démolisseurs de 1871. Sa tentative part du même esprit, elle est inspirée des mêmes haines, elle relève du même mépris.

LE PRINCE DE METTERNICH

Le prince de Metternich a été, pendant quarante ans, chancelier de l'empire d'Autriche, et, par sa position prépondérante, l'arbitre de ce qu'on appelait la Sainte-Alliance. Il a été le contemporain et le témoin des événements qu'il raconte. Ses *Mémoires* sont une source considérable pour l'histoire.

Comme il fut le principal antagoniste de Napoléon, et qu'il est un de ses détracteurs, on ne s'étonnera pas des développements que je donne à cette étude. Je ne relèverai cependant, dans ses *Mémoires*, que ce qui a trait à Napoléon. Je ne m'occuperai ni de sa correspondance avec la princesse de Metternich, ni de son autobiographie, ni de ses rapports avec l'Europe, après 1815, car ils sont hors de mon cadre. Tous ces écrits, d'ailleurs, portent le même cachet d'infatuation, depuis le congrès de Rastatt, où il fit ses débuts, et où il s'étonne « que les plénipotentiaires français soient polis[1] », jusqu'aux paroles qu'il prononce en mourant en 1859 : « *J'ai été un rocher de l'ordre*[2]. »

Futur chef de l'absolutisme en Europe, Clément de Metternich, fils d'un comte de l'empire, grandit, comme il le dit lui-même, sous l'influence du milieu où l'avaient placé

1. *Mémoires du prince de Metternich*, t. Ier, p. 346.
2. *Ibid.*, t. VIII, p. 646.

sa naissance, et la position officielle qu'occupait son père, à la cour impériale.

En 1801, Clément de Metternich entre au service de l'État; il est nommé envoyé extraordinaire et ministre plénipotentiaire, près la cour de Saxe. Dès son premier écrit officiel (2 novembre 1801), il insiste sur la nécessité de ramener la France à ses anciennes limites; il déplore l'insouciance avec laquelle le gouvernement saxon laisse se propager chez lui, un « esprit de vertige tout nouveau[1] ».

Appelé en 1803 à l'ambassade de Berlin, il y apporte la même hostilité envers la France. Il joue un grand rôle dans les pourparlers qui ont pour objet de nouer, contre nous, une troisième coalition. Dès le lendemain du sacre, il dénonce Napoléon comme ayant adopté « le gouvernement militaire et les principes politiques qui ont porté l'empire

---

1. *Mémoires du prince de Metternich*, t. II, p. 15.

romain à la monarchie universelle¹ ». Hanté par la haine et la peur de la France, il va jusqu'à supposer que l'armée, rassemblée à Boulogne, était uniquement destinée à combattre l'Autriche. L'inexactitude et la puérilité de cette assertion sont évidentes, car, en 1805, la présence de l'armée, réunie à Boulogne, jeta en Angleterre une terreur qui n'avait rien de factice. Les discussions du parlement anglais montrent à quel degré d'effarement l'esprit public était parvenu. Un bill fut voté, ordonnant la levée en masse de tous les hommes de dix-sept à cinquante-cinq ans. Pitt, premier ministre, en proposant des fortifications passagères, destinées à couvrir Londres, déclarait qu'on pouvait seulement « retarder de quelques jours les progrès de l'ennemi, de manière à éviter *peut-être* la destruction de cette capitale ». L'Empereur suivait, avec passion, les prépara-

1. *Mémoires du prince de Metternich*, t. II, p. 37.

tifs de sa grande entreprise, et, loin de se préoccuper alors de l'Autriche, il poussait ses armements de façon à montrer que c'était bien l'Angleterre qu'il avait en vue. L'avortement de son plan maritime put seul l'arrêter.

Metternich ne cesse de harceler la Prusse pour qu'elle se joigne à l'Autriche et à la Russie. Il réussit à lui faire signer le traité de Postdam, que la journée d'Austerlitz rend inutile. Metternich ne veut pas reconnaître notre victoire, et propose de continuer la guerre[1]. Mais l'Autriche n'avait plus d'armée et dut se rendre à la merci du vainqueur. Après la paix de Presbourg, Metternich est nommé ambassadeur à Paris. A sa première entrevue, en 1805, Napoléon lui apparaît comme la Révolution incarnée[2]. Cette fois sa haine était clairvoyante. Metternich avait

1. *Mémoires du prince de Metternich*, t. II, p. 83-92.
2. *Ibid.*, t. Ier, p. 51.

raison et jugeait mieux l'Empereur que beaucoup de Français de nos jours. En Europe, ajoute-t-il, « la France n'avait pas un ami[1] ». Ce jugement, sur les sentiments des gouvernements européens, n'est aussi que trop vrai, et il explique nos longues guerres ; Napoléon se trouvait en butte à une coalition permanente que la victoire seule pouvait briser.

Metternich qualifie, à ce moment, le peuple français de « peuple dégradé, au-dessous de tous les autres, au-dessous de toute imagination, fatigué, démoralisé au point que toute trace d'esprit national est anéantie[2] ». Il parle de la politique astucieuse, destructive et criminelle de Napoléon, *politique qu'il n'a cessé de suivre depuis son avènement*[3] ».

1. *Mémoires du prince de Metternich*, t. Ier, p. 57.
2. *Ibid.*, t. II, p. 119. Dépêche à son ministre, 26 juillet 1807.
3. *Ibid.*, t. II, p. 167. — Ces mots sont soulignés dans le texte, dépêche de Metternich à Stadion, 27 avril 1808.

Imbu de ces idées, il ne cesse de pousser l'Autriche à se préparer à une nouvelle guerre : « Les puissances, dit-il, ont tout perdu en attachant aux traités qu'elles ont conclus avec la France la valeur d'une paix. Il n'en existe pas, avec un système révolutionnaire¹ ». L'Autriche arme de plus en plus et appelle ses dernières réserves.

A ce moment, M. de Metternich trouvait des juges clairvoyants, même en Allemagne. Je lis dans une lettre du roi Frédéric de Würtemberg, à sa fille Catherine de Westphalie, du 21 août 1808 : « Il est fâcheux que l'empereur François soit aussi mal représenté qu'il l'est à Paris, car le comte de Metternich n'a été toute sa vie qu'un ... très entiché de son mérite. »

Metternich lui-même se charge de justifier ce jugement. Il écrit avec suffisance :

1. *Mémoires du prince de Metternich*, t. II, p. 170.

« Vous vous convaincrez que, si nous savons bien faire, nous savons aussi bien parler. Je me suis en général établi en conversation *avec l'Europe*, depuis quelque temps, et c'est chose assez difficile. Ce qui me fait plaisir, c'est que je vois toujours que les pièces, qui sortent de ma plume, sont celles que le public goûte le plus[1] ».

Le 10 avril 1809, pendant que Napoléon est aux prises avec l'Espagne, l'archiduc Charles franchit l'Inn et envahit la Bavière, sans déclaration de guerre.

En même temps, par un acte inouï, l'ambassadeur de France et ses attachés étaient arrêtés à Vienne et détenus en Hongrie. Le traitement, pour être moins barbare que l'assassinat de nos plénipotentiaires à Rastatt, n'en était pas moins une violation cynique du droit des gens. M. de Metter-

---

1. *Mémoires du prince de Metternich*, t. Ier, p. 263.

nich, lui, ne fut pas arrêté; on se borna à retarder la remise de ses passeports[1]. Le 26 mai, il recevait l'autorisation de se rendre à Vienne, occupée par notre armée, et, le 29 juin seulement, il était échangé avec les membres de l'ambassade française, que les Autrichiens avaient retenus prisonniers pendant presque toute la guerre.

Le 8 juillet, au lendemain de la bataille de Wagram, M. de Metternich fut nommé ministre des affaires étrangères. En cette qualité, il se rendit à Altenbourg, pour négocier avec M. de Champagny.

Les pourparlers se prolongèrent pendant trois mois sans aboutir. Ce fut le prince Jean de Lichtenstein qui signa la paix. M. de Metternich fut exaspéré de la conclusion du traité; il croyait l'Autriche en mesure de poursuivre la guerre[2].

1. *Mémoires du prince de Metternich*, t. Ier, p. 67.
2. *Ibid.*, t. Ier, p. 101, 102, 228, 233.

Une fois à la tête des affaires étrangères, M. de Metternich ne cessa de rêver la chute de l'Empire. Ni le mariage de Napoléon avec Marie-Louise, ni la bienveillance spéciale, que lui manifestait en toute occasion l'Empereur, et qui alla jusqu'à l'offre d'annuler la médiatisation de sa maison et de le faire entrer comme membre souverain dans la confédération du Rhin [1], ni l'intérêt évident de l'Autriche, qui avait alors tout à gagner à s'allier franchement à la France, rien ne put prévaloir contre les passions féodales de Metternich. Revenant d'une mission extraordinaire, à Paris, pendant laquelle il avait été comblé des faveurs de Napoléon et admis par lui dans l'intimité de Marie-Louise, le ministre autrichien écrit un rapport venimeux sur la France et l'Empereur [2].

Voici, à l'appui de ces sentiments hostiles,

---

1. *Mémoires du prince de Metternich*, t. 1ᵉʳ, p. 103.
2. *Ibid.*, t. II, p. 399-415.

un fait authentique. Metternich soutient que
Joséphine ne fut pas mariée religieusement
avant le sacre, « que le cardinal Consalvi lui
a dit que le pape avait pour ainsi dire sanctionné un concubinage, au point de vue religieux[1] ». Or Napoléon et Joséphine, qui
n'avaient été mariés que civilement sous le
Directoire, furent unis religieusement, pour
satisfaire aux scrupules de Joséphine, dans
la nuit qui précéda le sacre, par le cardinal
Fesch, devant Talleyrand et Berthier, dans
la chapelle de Tuileries. Je le sais par mes
traditions de famille. M. le comte d'Haussonville, dans son ouvrage, *L'Église romaine et le premier Empire*, le constate[2];
M. Thiers le raconte avec des détails saisissants[3]. Or le prince de Metternich n'est mort

---

1. *Mémoires du prince de Metternich*, t. Ier, p. 294.
2. Comte d'Haussonville, *L'Église romaine et le premier Empire*, t. Ier, p. 327.
3. Thiers, *Histoire du Consulat et de l'Empire*, t. V, p. 261.

qu'en 1859; il avait vu plusieurs fois
M. Thiers, ils étaient en correspondance
suivie. Comment admettre qu'il n'eût pas lu
le récit du sacre, paru en 1845 ?

On cherche l'histoire dans M. de Metternich; on n'y trouve souvent que des
anecdotes, puisées dans une mémoire infidèle.

Lorsque éclate la guerre de Russie, Metternich signe, le 14 mars 1812, un traité par lequel l'Autriche s'engage à fournir à la France
un corps auxiliaire de trente mille hommes ;
les deux puissances se garantissaient mutuellement leurs territoires. En signant ce traité,
Metternich, de son propre aveu, attendait et
espérait, sinon les catastrophes de la campagne de Russie, du moins de tels obstacles
à la marche de Napoléon, que l'Autriche
serait libre d'intervenir sur ses derrières.
Dans ce but, il ordonnait au corps autrichien de s'abstenir de toute hostilité vis-

à-vis des Russes[1]. « L'histoire, écrivait-il plus tard en parlant de cette époque, l'histoire me rendra ce témoignage que j'ai usé de tous les moyens, en mon pouvoir, pour seconder la main de Dieu[2]. »

Cependant la retraite de Moscou porta un coup terrible à Napoléon. L'heure est enfin venue pour Metternich. « Depuis des années, écrit-il à son père, ma marche politique est la même... Ce n'est pas pour rien que j'ai voulu, avant d'entreprendre la grande œuvre, bien connaître mon adversaire... Il ne restait plus que le moment à trouver d'entreprendre la chose sans risques excessifs[3]. »

C'est alors que l'Autriche se dévoile. Les armées autrichiennes, alliées jusque-là des armées françaises, abandonnent Varsovie et le territoire polonais, à la suite d'un accord secret, conclu avec le gouvernement russe.

1. *Mémoires du prince de Metternich*, t. Ier, p. 119.
2. *Ibid.*, t. Ier, p. 242.
3. *Ibid.*, t. Ier, p. 258.

Malgré les ordres donnés par Napoléon à Schwarzenberg, le général autrichien cesse toutes les hostilités et se retire sur Cracovie. Metternich livre même Cracovie aux Russes, et fait rentrer toutes les troupes autrichiennes sur leur territoire, en dépit des efforts de Poniatowski, qui, pour retarder ce fatal dénouement, dispute les jours, les heures à l'hostilité impatiente des Autrichiens.

J'arrive aux événements de Dresde en 1813. C'est ici, à mon avis, le point culminant, l'incident capital qui a décidé du sort de la France et de son Empereur. C'est le moment où le rôle de Metternich se dessine, en pleine lumière. Ce qui a rendu irrévocable la chute de Napoléon, ce n'est pas la fatale guerre d'Espagne, ni même la désastreuse guerre de Russie, c'est la conduite de l'Autriche, qui, d'alliée devint neutre, puis hostile, et jeta ainsi, dans la balance, trois cent mille ennemis de plus.

Après les victoires de Lutzen et de Bautzen, grâce à l'héroïsme de nos jeunes soldats, et aux savantes combinaisons de Napoléon, la fortune nous était revenue; tout pouvait encore être réparé. L'Autriche, la seule Autriche a tout perdu. On va voir avec quelle duplicité.

Le 30 mai 1813, le comte de Bubna félicitait l'empereur Napoléon de ses dispositions magnanimes pour la paix du monde; il lui affirmait que l'Autriche n'oublierait jamais que les premières démarches pacifiques avaient été faites par lui, alors que ses dernières victoires pouvaient lui conseiller de placer toute sa confiance dans le sort des armes.

L'Empereur, s'appuyant sur le traité du 14 mars 1812, par lequel l'Autriche garantissait le territoire de l'Empire, confiant dans l'amitié autrichienne, dans les sentiments exprimés par le comte de Bubna, signa le 4 juin l'armistice de Dresde, qui sauva les armées prusso-russes d'une destruction imminente. Cet armistice a été reproché à Napoléon. L'Empereur eût commis en effet une faute militaire, s'il eût eu la certitude de la trahison de l'Autriche. Sans doute, les réserves françaises arrivaient; l'armistice lui donnait le temps de former ses jeunes soldats, d'organiser et de renforcer son armée, mais l'Autriche avait bien plus d'avantages que lui à cette suspension des hostilités. Il lui fallait compléter son armée de Bohême, sous les ordres de Schwarzenberg, et elle avait encore besoin de temps pour endormir le vainqueur, s'assurer des subsides de l'Angleterre et signer son entrée dans la coalition.

Napoléon voulait l'armistice pour assurer la paix : « Si nous ne voulions pas traiter la paix, écrivait-il le jour même où l'armistice était conclu, nous n'aurions pas la sottise de traiter d'un armistice dans le moment actuel[1]. » L'Autriche, au contraire, désirait une suspension d'hostilités pour se préparer à la guerre : « Après Bautzen, écrit dans ses *Mémoires* le prince de Metternich, il s'agissait d'arrêter Napoléon dans sa marche en avant[2]. »

Le prince de Metternich n'était pas encore intervenu, avant le 26 juin 1813. Il était allé à Opocno, préparer une convention secrète par laquelle l'Autriche, en même temps qu'elle se présentait à Napoléon comme médiatrice, s'engageait d'avance à joindre ses armes à celles de la Russie et de la Prusse. Ce traité fut signé le 27 juin, à Reichenbach, au moment même où M. de Metternich, après avoir tout arrêté avec la coalition, négociait avec Napoléon l'acceptation de ce qu'il appelait l'impartiale média-

1. *Correspondance de Napoléon I*[er], 4 juin 1813, pièce n° 20 083.
2. *Mémoires du prince de Metternich*, t. Ier, p. 139 et 140.

tion de l'Autriche. Ce traité n'a jamais été rendu public par les contractants, mais son existence ne peut plus être contestée. M. de Metternich lui-même y fait allusion dans les documents joints à ses *Mémoires*[1].

M. Thiers ne parle pas de la convention de Reichenbach. Il suppose que le gouvernement autrichien, entré en pourparlers avec Napoléon, discutait avec lui de bonne foi, et sans aucun engagement antérieur. Il était loin d'en être ainsi. Fermement résolue à combattre ou à humilier la France, l'Autriche, pendant qu'elle poursuivait avec l'Empereur ses négociations dilatoires, signait en même temps des traités avec les ennemis de l'Empire. L'omission du traité de Reichenbach fausse le récit diplomatique de M. Thiers, et enlève toute valeur à ses considérations sur les négociations de 1813. Cette ignorance d'un point de fait si important, surprendra

1. *Mémoires du prince de Metternich*, t. II, p. 465.

peut-être chez un historien tel que M. Thiers. L'étonnement cessera, quand on saura qu'il a composé le récit des événements de 1813, *d'après les indications de M. de Metternich* [1]. L'homme d'État autrichien n'a pas cru devoir lui communiquer un traité, destiné à rester secret, et qui attestait la duplicité de l'Autriche. M. Thiers s'est fié aveuglément aux fausses confidences du ministre autrichien.

On trouvera, dans l'appendice, le texte intégral de la convention de Reichenbach. Il en résulte que l'Autriche, le 27 juin 1813, « *s'engageait à déclarer la guerre à la France et à joindre ses armes à celles de la Russie et de la Prusse*, si, jusqu'au 20 juillet de cette année, la France n'avait point accepté les conditions des coalisés ». Au premier abord, on pourrait donc croire à un traité conditionnel, soumis aux éventualités

[1]. *Mémoires du prince de Metternich*, t. Ier, p. 255; et Thiers, *Histoire du Consulat et de l'Empire*, t. XVI, p. 73.

d'une négociation ultérieure, mais on va voir, et c'est pourquoi j'insiste sur ce point d'histoire, que, dans la pensée de Metternich, c'était un traité définitif, et que, maître de la négociation qui allait suivre, il en avait d'avance préjugé et arrêté l'issue.

Après de nombreux atermoiements, Metternich arrive à Dresde le 25 juin 1813. Il voit Napoléon le 26. Cette date importante est certaine. M. Thiers la fixe inexactement au 28 juin. M. le baron Fain se trompe également en la fixant au 23 juin. Son erreur provient de ce que Metternich, qui devait partir le 22 juin ne partit en réalité que le 24. Metternich part le 24 juin de Gitschin, quartier général où était l'empereur d'Autriche, il arrive à Dresde le lendemain 25. Napoléon était absent, et ce ne fut que le jour suivant, le 26 juin, qu'il reçut l'invitation de se rendre chez l'Empereur, au palais Marcolini. L'exactitude de ces dates est absolument incontestable, car elles s'accordent avec les indications qui se trouvent dans le rapport, adressé par Metternich à l'empereur François, le soir même de son entretien avec Napoléon, et qui porte : « Dresde, 26 juin 1813, 9 heures du soir[1]. »

Dans quelles dispositions Metternich arrivait-il à Dresde? Ses aveux sont aussi complets qu'on peut le désirer. Il est difficile de se découvrir davantage : « Le passage de la neutralité à la guerre ne sera possible, que par la médiation armée[2]. Il faut travailler sans relâche à nous armer, à faire la guerre[3].

» Dans l'armée russe régnait la plus grande démoralisation; elle n'avait plus qu'un désir, celui de se retirer derrière ses frontières... J'étais convaincu que la perte d'une seule bataille compromettrait tout, si nous commencions la guerre[4].

1. *Mémoires du prince de Metternich*, t. II, p. 461.
2. *Ibid.*, t. I*er*, p. 125.
3. *Ibid.*, t. I*er*, p. 128.
4. *Ibid.*, t. I*er*, p. 110.

» Cependant on pouvait prévoir qu'après la victoire de Bautzen, il (Napoléon) serait plus disposé à négocier (et ce fut le cas, en effet); suivant son système habituel, il se met en rapport direct avec les souverains[1]. »

Mais voici qui est plus grave : Napoléon pouvait être modéré; c'était en vain. Metternich ne voulait pas qu'il le fût. C'est là le nœud de la situation. Toute la vérité est là :

« Que deviendra notre cause, me demanda le czar, si Napoléon accepte (la médiation de l'Autriche)? — *S'il la décline*, répondis-je, l'armistice cessera de plein droit, et vous *nous* trouverez dans les rangs de vos alliés. *S'il l'accepte, la négociation nous montrera...* que Napoléon ne veut être ni sage ni juste, et le résultat sera *le même*. En tout cas, nous aurons ainsi gagné le temps nécessaire... et nous pourrons de notre côté

---

1. *Mémoires du prince de Metternich*, t. Ier, p. 141.

prendre l'offensive[1]. » — Ces mots, si probants, si précis, dévoilent tout le plan de Metternich.

Napoléon et Metternich se trouvent en présence à Dresde. Il existe deux versions de cette entrevue. Je reproduis dans l'appendice celle de Napoléon. Elle est pleine de feu et de vie, et respire d'un bout à l'autre la vérité. Elle se résume dans ces mots pénétrants de l'Empereur : « Parce que vous vous croyez en état de me dicter la loi, vous venez me trouver ! La loi ! et pourquoi ne vouloir la dicter qu'à moi seul ? Ne suis-je plus celui que vous défendiez hier ? Si vous êtes médiateur, pourquoi du moins ne pas tenir la balance égale ? » Ainsi la conduite de Metternich est percée à jour, et cependant Napoléon, en congédiant son interlocuteur, a soin de lui dire qu'il est encore prêt à négocier.

1. *Mémoires du prince de Metternich*, t. Ier, p. 141.

La même entrevue, rapportée par Metternich, est beaucoup plus longue, diffuse, et le ministre autrichien se donne naturellement le beau rôle.

Enfin M. Thiers, ne se contentant pas des récits de Napoléon et de Metternich, en fait un compte rendu absolument fantaisiste. Il distribue des rôles à chacun, il parle d'outrages, tout en avouant lui-même que Metternich les a toujours niés [1]. Singulière prétention de M. Thiers qui conteste Napoléon, dément M. de Metternich et affirme des paroles qu'il prête, quarante ans après, à deux interlocuteurs qui n'ont eu aucun témoin !

La vérité n'est pas difficile à démêler. Napoléon, avec son esprit précis, voulait un armistice plus long, il admettait la neutralité et la médiation de l'Autriche, mais il voulait entrevoir les bases de la paix. Met-

1. Thiers, *Histoire du Consulat et de l'Empire*, t. XVI, p. 67.

ternich esquivait ce dernier point; il appuyait sur l'acceptation pure et simple d'une médiation armée, avec un armistice aussi court que possible; et, quand il se laissa entraîner à discuter la paix, ses insinuations semblèrent à Napoléon de véritables outrages. Ce n'était pas assez de l'abandon presque avoué de l'Italie, et de toute influence directe ou indirecte de la France, sur la rive droite du Rhin. Metternich laissait comprendre en outre que l'Autriche se contentait de ces bases, mais que l'Angleterre pourrait demander plus et voudrait avoir un pied en Hollande, peut-être en Belgique.

C'eût été une paix écrasante. Napoléon abandonnait l'Illyrie à l'Autriche et ce n'était pas son dernier mot. Mais à mesure que Napoléon cède, Metternich avance, et, sans vouloir s'engager, démasque des exigences de plus en plus grandes. On venait d'apprendre la perte de la bataille de Vittoria, par l'armée française, et c'était pour Metternich un argument de plus.

Qu'en conclure? C'est qu'à Dresde, ce n'est pas Napoléon qui a refusé la paix, c'est au contraire lui qui l'a proposée, qui l'a sincèrement voulue, et qui n'a pu la faire, comme il l'a tant de fois répété.

Ne pouvant s'entendre sur les bases de la paix, on signe un armistice, avec l'engagement d'ouvrir un congrès à Prague. Mais les concessions de Napoléon gênaient l'Autriche. Qu'allait devenir, si ces concessions étaient sincères, le traité de Reichenbach avec la Russie et la Prusse? Ainsi Metternich, en signant la prolongation d'armistice, poursuivait toujours son but. Il avait expédié un courrier à Schwarzenberg. Il y demandait au commandant en chef de l'armée autrichienne « s'il ne serait pas à désirer de gagner quelques semaines pour arri-

ver à compléter notre ordre de bataille¹ ».
« D'ici à vingt jours, répondit le prince, mon armée se trouvera renforcée de soixante-quinze mille hommes : je m'estimerai heureux d'obtenir ce délai, mais un seul jour de plus me mettrait dans l'embarras. » A partir de ce moment, ajouta M. de Metternich, tous mes efforts ne tendirent plus qu'à gagner ces vingt jours². »

Pendant ce temps, l'Empereur, dans sa hâte de voir les négociations aboutir, envoie Bassano à la recherche de Metternich. Une deuxième et dernière entrevue a lieu le 30 juin. Napoléon dit à Metternich de formuler ses propositions, comme il l'entend, pour la médiation de l'Autriche, qu'il accepte. Voici le texte de l'armistice :

1° L'Empereur des Français accepte la médiation armée de l'empereur d'Autriche;

1. *Mémoires du prince de Metternich*, t. Ier, p. 155.
2. *Ibid.*, t. Ier, p. 155.

2° Les plénipotentiaires se rendront le 10 juillet à Prague ;

3° Le 10 août est fixé comme le dernier terme des négociations ;

4° Jusqu'au susdit jour, toutes les opérations militaires seront suspendues.

« Jamais, dit Metternich, plus grande affaire n'a été expédiée plus promptement[1]. »

Les intentions de Napoléon sont manifestes, il reconnaît la force des choses et abandonne le traité de garantie réciproque avec l'Autriche, pour y substituer une médiation armée de celle-ci. C'était un grand sacrifice! Était-ce une faute ?

Après l'entrevue de Dresde, Metternich envoie à son empereur un rapport, daté de Brandeis, le 12 juillet 1813. Il développe l'idée de la médiation armée, telle qu'il la conçoit ; il la présente comme devant devenir sous peu une alliance avec les autres

---

1. *Mémoires du prince de Metternich*, t. 1er, p. 156-157.

puissances, et un engagement de participer à la guerre. Avant de partir pour Prague, se défiant de son souverain, et pour le lier, il lui écrit : « Puis-je compter sur la fermeté de Votre Majesté, dans le cas où Napoléon n'admettrait pas les bases proposées par nous ? Votre Majesté est-elle invariablement résolue à remettre aux armes de l'Autriche et de toutes les autres puissances coalisées le soin de faire triompher la bonne cause ? C'est la réponse à cette question qui formera le fond même des instructions que je dois recevoir... Si la volonté de votre Majesté n'était pas arrêtée irrévocablement, toutes les démarches que je ferais à Prague porteraient le cachet d'une impardonnable ambiguité... Quant à moi, malgré tout mon dévouement au bien de l'État, je ne serais plus que le triste instrument de la ruine de toute notre considération politique [1]. »

1. *Mémoires du prince de Metternich*, t. II, p. 467.

L'empereur François accepte, avec quelques restrictions cependant, car il est moins haineux que son ministre.

On arrive à Prague. Napoléon, disposé par raison à de douloureux sacrifices, mais toujours animé d'une énergie indomptable, avait encore une certaine confiance, et, justement préoccupé de l'accueil que le peuple français ferait à son Empereur, s'il se laissait humilier, il passait par des alternatives pacifiques et belliqueuses.

Les négociations à Prague ne furent jamais sérieuses. Les coalisés étaient liés par le traité de Reichenbach. M. de Metternich saisit tous les prétextes pour ajourner; il remet l'ouverture du congrès du 5 au 8 juillet. Puis le congrès est encore ajourné du 8 au 12 juillet, en raison des difficultés survenues pour les pleins pouvoirs des plénipotentiaires français. On ne veut pas accepter, on renvoie même le second plénipotentiaire, M. le comte de Narbonne, parce ce que Caulaincourt est en retard de vingt-quatre heures, et quand, le jour même, Caulaincourt arrive, on lui dit qu'il est trop tard. Metternich ajoute : « Je mis la dernière main aux manifestes de l'empereur. Dans la nuit du 10 au 11 août, à l'heure même de minuit, je lançai ces documents. En même temps, je fis allumer les signaux qu'on tenait tout prêts, de Prague jusqu'à la frontière silésienne, pour annoncer que les négociations étaient rompues et que les armées alliées pouvaient franchir la frontière de Bohême[1] ».

Et ces manifestes furent lancés, en effet, du 10 au 11 août, quoique les hostilités ne dussent recommencer que le 16.

M. de Metternich attendait avec impatience l'heure de minuit. La déclaration de guerre de l'Autriche couronnait toute sa politique.

1. *Mémoires du prince de Metternich*, t. Ier, p. 159.

S'il faut en croire le récit de M. Thiers, Metternich, le 11 août, montrait un chagrin visible. Dans ses *Mémoires*, au contraire, il manifeste la joie d'un homme d'État qui vient d'atteindre son but. Le chancelier autrichien, qui a été l'inspirateur de l'historien français, a trompé M. Thiers, comme il avait trompé Napoléon.

A partir de ce moment, tout était irrévocablement perdu. La victoire de Dresde fut rendue inutile par les défaites des lieutenants de l'Empereur. Même une victoire à Leipzig n'aurait probablement pas modifié la situation. Les réserves russes arrivaient en masse; l'Autriche était prête. Pour se l'attacher davantage, on nomme le prince de Schwarzenberg généralissime des alliés; ce fut sa nationalité, plus que sa capacité militaire, qui le désigna à la coalition.

La fin de l'année 1813 présente le spectacle de toute l'Europe, réunie contre un

homme. Toutes les trahisons se donnèrent rendez-vous au camp des alliés. On vit d'abord paraître Bernadotte, qui avait des vues personnelles sur la couronne de France : « Cela est hors de doute, » dit M. de Metternich, et il ajoute ce détail curieux : « le comte Pozzo di Borgo remplissait les fonctions de commissaire de la Russie auprès de Bernadotte, et, parlant de la France, ce prince dit :
« — La France au plus digne ! — Grands dieux ! répliqua Pozzo, la France est à moi ! — Le prince royal se tut[1] ».

Puis vint Moreau, que le destin tua d'un boulet à Dresde. Alexandre voulait le nommer généralissime, et s'écria, en le voyant mort : « Dieu a prononcé ! »

Puis Jomini, que Metternich lui-même qualifie de déserteur. M. Thiers est plein d'indulgence pour Jomini, pour ce Jomini

1. *Mémoires du prince de Metternich*, t. Ier, p. 167.

qui, la veille encore chef de l'état-major du maréchal Ney, passe à l'ennemi et détermine l'attaque de Dresde par les coalisés.

L'Allemagne était délivrée de la prépondérance napolénienne : « Le but de la guerre de 1813 était atteint, dit M. de Metternich, Napoléon était rejeté de l'autre côté du Rhin[1]. »

Les alliés allaient-ils s'arrêter? Oui, s'ils étaient sincères ; mais M. de Metternich, lui, ne l'était pas. On hésitait dans l'armée coalisée. L'empereur de Russie avait des aspirations libérales; l'empereur d'Autriche était le beau-père de Napoléon et croyait à ses intentions pacifiques[2]. Metternich intervint ; il était animé des mêmes passions que Blücher qui rêvait la destruction et le pillage de Paris. Si sa haine contre la France et Napoléon était moins sauvage, elle était aussi

---

1. *Mémoires du prince de Metternich*, t. Ier, p. 172.
2. *Ibid.*, t. Ier, p. 174.

profonde; il apportait, à la destruction de l'Empereur et de l'Empire, le fanatisme d'un féodal et l'ardeur d'un diplomate de l'ancien régime. Il obtint qu'on passerait le Rhin, en violant la neutralité suisse, qu'on « porterait la guerre au cœur de la France », car « c'était un coup décisif à l'existence de Napoléon[1] ».

A Mannheim, il n'y eut qu'un simulacre de congrès. Du propre aveu de Metternich, il s'agissait avant tout de tromper l'esprit public en France, de lui « présenter un appât[2] » qui pût faire tomber la France dans un piège et la livrer sans défense à l'envahisseur. « Dans le but d'isoler davantage encore Napoléon et d'agir en même temps sur l'esprit de l'armée, je proposai l'idée des frontières naturelles et l'offre de négociations immédiates[3]. »

---

1. *Memoires du prince de Metternich*, t. Ier, p. 172.
2. *Ibid.*, t. Ier, p. 173.
3. *Ibid.*, t. Ier, p. 173.

Alors on eut peur que Napoléon, par une résolution prompte, n'acceptât cette proposition. Napoléon voulait traiter, mais, pour Metternich, aucune condition n'était « acceptable » en dehors de l'écrasement de la France et de la chute de l'Empereur. On eut soin de traîner les négociations en longueur. « Les trois cours répondirent aux ouvertures de Napoléon avec le calme de la force... mais elles déclinèrent d'avance toute proposition tendante à obtenir une suspension des opérations militaires [1]. »

Que valent des négociations pendant lesquelles on continue à se battre ? Sont-elles sérieuses, alors que les événements militaires les modifient chaque jour ?

Le congrès de Châtillon ne fut que la suite des négociations dilatoires de Prague et de Mannhein. Les conditions indiquées, plutôt

---

1. *Mémoires du prince de Metternich*, t, Ier, p. 174.

que proposées par les alliés devinrent de plus en plus dures. Non seulement l'écrasement de la France était arrêté d'avance, mais le renversement de Napoléon était décidé. Cet aveu, je le retrouve encore dans les *Mémoires du prince de Metternich* : « La restauration des Bourbons et le retour de la France à ses anciennes limites, semblaient à l'empereur François et à son cabinet la seule solution possible... Sur ce point fondamental, l'Autriche était parfaitement d'accord avec le gouvernement britannique[1]. »

A Langres, Metternich a une explication très vive avec l'empereur Alexandre. Il déploie, pour l'amener à consentir au renversement de Napoléon, une passion extraordinaire. Alexandre avait divers projets; M. de Metternich les rejetait tous et n'admettait que les Bourbons : « Le jour, dit-il, où mon

---

1. *Mémoires du prince de Metternich*, t. Ier, p. 188.

empereur faiblirait dans sa résistance, je mettrais immédiatement ma démission à ses pieds... Il n'y aura de possible que le retour des Bourbons venant reprendre possession de leur droit imprescriptible ; jamais l'empereur François ne s'entendra avec un autre gouvernement que le leur... Je fus autorisé, ajoute Metternich, à aller jusqu'à la menace d'une retraite immédiate de l'armée autrichienne [1]. »

L'empereur de Russie désirait que la France fût consultée sur son gouvernement nouveau. M. de Metternich s'y opposa. A quoi bon faire appel à la volonté nationale ? « Le roi légitime est là [2]. »

L'hostilité de la Russie contre la France n'était pas implacable ; elle hésitait. L'esprit d'Alexandre flottait entre plusieurs choix pour le nouveau souverain ; il ne croyait

1. *Mémoires du prince de Metternich*, t. 1ᵉʳ, p. 185.
2. *Ibid.*, t. 1ᵉʳ, p. 186.

pas aux Bourbons. M. de Vitrolles a fait connaître les difficultés qu'il rencontra pour l'entraîner à leur prêter son concours. Les candidats à la couronne de France étaient nombreux, et faisaient tous valoir leurs prétentions, auprès de l'empereur de Russie : c'étaient Bernadotte, — le prince d'Orange, aide de camp de Wellington en Espagne, qui avait montré certaines capacités militaires, — le duc d'Orléans, qui n'aurait pas été fâché de se substituer à ses aînés, et qui nourrissait déjà le projet réalisé en 1830 ; Talleyrand, Fouché et d'autres anciens fonctionnaires de l'empire lui étaient favorables.

Quant à la Prusse, elle concentrait tout son esprit de vengeance contre la France, plus encore que contre Napoléon ; elle voulait un démembrement complet, quel que fût le souverain.

C'est au milieu de ces intrigues que Metternich et l'Angleterre firent pencher la balance pour les Bourbons. Dès lors rien n'arrêta plus les alliés.

Pendant que Metternich s'agitait auprès des souverains coalisés, les événements militaires marchaient avec une effrayante rapidité. Napoléon tenta son mouvement tournant sur Saint-Dizier. Paris, malgré les efforts de Mortier et de Marmont, ne résista pas pendant les deux jours qui auraient permis à l'Empereur d'y revenir; Napoléon ne put arriver que jusqu'à Fontainebleau. L'impératrice Marie-Louise et le gouvernement quittèrent la capitale. L'étranger entra dans Paris. La défection de Marmont porta le dernier coup à l'Empereur. Les maréchaux Ney et Macdonald se rendirent avec Caulaincourt auprès d'Alexandre, pour l'informer que Napoléon était prêt à abdiquer, et lui remirent l'acte qui portait ces mots écrits sur le coin d'un guéridon à Fontainebleau :
« Les alliés ayant déclaré que l'Empereur

était le seul obstacle à la paix, il abdique pour obtenir à la France de meilleures conditions. »

Ne poussant pas l'abus de la victoire jusqu'à vouloir faire de Napoléon un prisonnier d'État, Alexandre stipula avec les maréchaux le traité de Fontainebleau, et l'on voulut bien reconnaître à Napoléon la souveraineté de l'île d'Elbe.

Mais le prince de Metternich arrive à Paris le 10 avril, et apprenant les promesses d'Alexandre, il les blâme et s'oppose violemment au traité qui n'est pas encore ratifié. L'abdication ne lui suffit pas, l'Autriche ne veut pas de l'île d'Elbe pour Napoléon, ce rocher est trop près. « Napoléon est trop près de la France et de l'Europe[1]. » Metternich désirait Sainte-Hélène dès 1814, et cet homme d'État, le plus implacable de la

---

1. *Mémoires du prince de Metternich*, t. II, p. 473 (Lettre de l'empereur François à Metternich).

coalition, était le ministre de l'empereur François, dont la fille avait épousé Napoléon !

Pour Napoléon empereur, tout est fini ; mais l'hostilité de Metternich lui ménageait de nouvelles amertumes. Marie-Louise, dont l'âme n'avait pas su s'élever à la hauteur de sa fortune, est à Orléans. Les troupes autrichiennes la ramènent à Blois, avec son fils le roi de Rome. L'Autriche ne veut pas qu'elle puisse rejoindre son mari. On l'expédie à Schœnbrunn, près de Vienne, où on la séquestre, comme on fait d'une femme égarée dans quelque fâcheuse aventure.

Les Napoléons sont partagés, comme un vil troupeau, entre les ennemis de la France. On renvoie de Schœnbrunn tous les Français qui entourent l'Impératrice ; le jeune prince est séparé de sa gouvernante.

En 1815, après le retour de l'île d'Elbe, on exige de Marie-Louise une lettre déclarant qu'elle est étrangère et hostile au retour de Napoléon en France. Son père débaptise son petit-fils : du roi de Rome il fait un duc de Reichstadt, l'enfant ne s'appellera plus Napoléon mais François. On a fait à Marie-Louise l'aumône d'une souveraineté viagère à Parme, non reversible sur son fils. Elle ne répond pas aux lettres que Napoléon lui écrit de l'île d'Elbe. Metternich lui désigne le général Neipperg comme grand-maître de la maison; c'était ce général qui avait été envoyé auprès de Bernadotte, puis de Murat, pour négocier leur défection, et qui avait échoué, dans une mission semblable, auprès du prince Eugène, à Milan. L'homme était bien choisi, car son rôle cette fois n'était plus politique. Un mariage de la main gauche eut lieu entre le comte Neipperg et Marie-Louise. Il fut reconnu par l'Autriche qui légitima les enfants issus de cette union et leur donna le titre de comte et de comtesse de Montenuovo. Voilà la conduite de l'empereur François et du prince de Metternich pendant que Napoléon agonisait à Sainte-Hélène.

Je n'ai vu Marie-Louise qu'une fois ; c'était en 1836, sur la grand'route près de Parme. J'étais avec mon père. Je ne la connaissais pas, mais le roi Jérôme me saisit la main, avec une violente émotion, et me dit :

— Voilà l'impératrice Marie-Louise... Non, reprit-il, ce n'est plus l'Impératrice, c'est madame Neipperg !

Telles sont les douleurs que la politique autrichienne, incarnée par Metternich, a infligées à ma famille.

Ce n'était pas encore assez. Napoléon est renversé, Marie-Louise est remariée. Reste le roi de Rome, c'est-à-dire le duc François de Reichstadt. Après 1815, on le circonvient, on ne le laisse communiquer avec aucun Français, c'est un prisonnier dont chaque pas, chaque mot est rapporté à Metternich, dont on ne peut approcher qu'avec la permission de ce ministre. Le malheureux jeune homme, façonné à l'autrichienne, en est réduit, pour entendre parler de son père et satisfaire son anxieuse curiosité, à questionner, après 1830, don Miguel et Marmont, en jouant au billard avec eux. Oui, ce même Marmont qui avait trahi le père, fut l'instructeur et le confident du fils. Enfin le duc de Reichstadt, qui pouvait encore être un danger, meurt prématurément à Vienne : mort bien opportune, il faut en convenir, alors que les souvenirs napoléoniens se réveillaient chez nous !

Tel fut Metternich.

Je ne veux pas que l'on s'égare sur la nature des reproches que je lui adresse. Il est incontestable qu'un sujet autrichien, un ministre d'Autriche, se doit à son pays, à son souverain, et aux intérêts supérieurs de ce souverain et de ce pays. Ce n'est pas d'avoir combattu la politique de Napoléon, en ce qu'elle avait de contraire à la politique autrichienne, qu'on peut lui faire un grief, c'est d'avoir apporté, dans la conduite des affaires de l'Autriche, un esprit d'hostilité systématique envers la France, en même temps qu'une duplicité constante, vis-à-vis du grand homme, dont il affectait de se montrer le courtisan et presque l'ami.

Ce que je veux surtout mettre en lumière, c'est l'injustice révoltante qui consiste, quand on veut juger Napoléon, son caractère et son rôle, à invoquer les souvenirs d'un ministre étranger qui, pour faire valoir la profondeur de ses vues, est amené, en écrivant ses *Mémoires*, à révéler, après coup, le plan qu'il a ourdi contre la France et l'Empereur, et qu'il a suivi avec une persévérance implacable.

BOURRIENNE

L'apparition des *Mémoires de Bourrienne* produisit une assez vive sensation et excita la curiosité du public. C'était à la veille de 1830.

Le nom de l'auteur, et les fonctions intimes qu'il avait remplies pendant si longtemps auprès de Napoléon, donnaient à ses souvenirs une saveur et une importance particulières. On ne chercha pas d'abord à quel sentiment Bourrienne obéissait en écrivant son livre ; on ne s'inquiéta pas de savoir dans quelle disposition d'esprit et dans quel milieu politique il l'avait composé. Ce livre était consacré à Napoléon. Napoléon semblait y revivre. C'était assez pour assurer aux *Mémoires de Bourrienne* de nombreux lecteurs.

Mais les hommes fidèles à leurs opinions et à leur passé, qui avaient été mêlés personnellement aux événements dont Bourrienne faisait le récit, ne tardèrent pas à reconnaître, que l'histoire était presque toujours défigurée, et souvent indignement travestie par lui. La mémoire et la bonne foi de l'anecdotier leur devinrent légitimement suspectes. Ils essayèrent même de se persuader, tant la besogne leur parut odieuse, que l'ancien confident du premier consul ne l'avait point accomplie lui-même, et qu'il s'en était déchargé sur quelque secrétaire infidèle. Cette opinion s'accrédita avec le temps. On en vint à douter de l'authenticité des *Mémoires de Bourrienne.* On les attribue aujourd'hui à Villemarest.

Ce Villemarest était un écrivain médiocre, que la Restauration n'avait pas tiré du besoin. Il prit sa revanche, en exploitant l'intérêt qu'éveillaient, dans le public, les hommes et les choses de la Révolution et de l'Empire. Il publia successivement les *Mémoires de Constant,* valet de chambre de l'Empereur, ceux d'*un page,* ceux de *Brissot-Warville.* Il paraît avéré que lui, ou quelqu'un de ses pareils, a dû collaborer aux *Mémoires de Bourrienne,* et peut-être même les rédiger. Mais qu'importe? Quelle que soit la main qui a tenu la plume, Bourrienne n'en demeure pas moins l'inspirateur, et, par conséquent, l'éditeur responsable des dix volumes consacrés à rabaisser les actions et les pensées de Napoléon.

Quel mobile a pu guider Bourrienne? En

Admettant la supposition la plus favorable à l'auteur, il aurait eu des heures difficiles dans son existence, et n'aurait pas su résister à la tentation de spéculer sur un nom et sur des relations illustres ; mais cela n'explique pas encore, comment il est arrivé à travestir les intentions de Bonaparte, et à falsifier les faits dont il fut le témoin.

Pour juger l'œuvre, il faut connaître l'homme. On verra que la moralité de Bourrienne autorise toutes les suppositions.

Fauvelet de Charbonnière de Bourrienne avait été le camarade de Bonaparte à l'école de Brienne. Il était né comme lui en 1769. Il dit lui-même que cette conformité d'âge fut « une raison de plus pour leur union et leur amitié ». Cette amitié, que Bourrienne a trahie plus tard si indignement, Napoléon s'y abandonna avec l'effusion d'une âme neuve et confiante. Elle se resserra et se scella aux heures difficiles de la Révolutio .

Elle resta si vive, chez le général en chef de l'armée d'Italie, qu'elle s'accrut avec ses succès. Après Arcole, il associa constamment son ancien camarade d'enfance à ses joies, à sa gloire. Inscrit sur la liste des émigrés, depuis 1793, Bourrienne n'en fut rayé qu'en 1797. Cette circonstance n'empêcha pas Bonaparte de le placer à la tête de son cabinet. Bourrienne y demeura jusqu'en 1802, et il fut, pendant tout ce temps, le confident des pensées de Bonaparte, le témoin de ses épanchements, en un mot l'ami de la maison.

Quel usage fit l'ancien émigré de cette confiance? Il en profita pour soustraire les pièces du cabinet, pour violer les secrets de l'État, pour surprendre des confidences de famille. Commérages, espionnages, tripotages, spéculations véreuses, criminelles même, voilà sa vie. Plus tard, et bien que son caractère eût été percé à jour, l'Empereur, qui avait pour son ancien ami une inépuisable indulgence, lui confia un poste important dans la diplomatie. On retrouvera Bourrienne, conspirant avec les royalistes, contre son bienfaiteur, puis, l'abandonnant au moment du danger. Il reparaît en 1814, sur la scène politique, comme directeur général des postes, puis comme préfet de police; enfin, après le retour de Gand, comme ministre d'État de Louis XVIII.

Les preuves de l'infidélité, de l'improbité, de la vénalité, de la trahison de Bourrienne sont nombreuses; il les sème pour ainsi dire lui-même, à chaque page de ses *Mémoires*.

Ainsi il livre au public une lettre de madame Bacciochi à son frère, signée Christine Bonaparte[1]. Or la sœur de Napoléon ne s'appelait pas Christine, et Joseph nie qu'elle ait jamais écrit cette lettre[2]. Ou la lettre est fausse et l'impudence du prétendu historien

---

1. *Mémoires de Bourrienne*, t. 1ᵉʳ, p. 292.
2. *Bourrienne et ses erreurs*, t. Iᵉʳ, p. 240.

est évidente, ou elle a été interceptée par lui, et que doit-on penser d'un secrétaire, qui s'empare des lettres de famille, pour les publier, après la chute de celui qu'il a servi ?

Napoléon, dans le *Mémorial*, parle des lettres qu'il échangea avec Louis XVIII; Bourrienne écrit au sujet de ces lettres : « Je suis dans la nécessité d'en citer quelques lignes, afin de pouvoir faire ensuite remarquer les différences qu'elles offrent avec les *autographes que j'ai conservés*[1]. »

Puis c'est une lettre de Desaix au premier consul, « qu'il a soigneusement conservée[2] », — puis une autre de Lucien à Joseph, « qu'il a retrouvée dans ses papiers[3] ». Cette dernière lettre, Joseph déclare ne l'avoir jamais reçue[4]. Comment, si elle est authentique, M. de Bourrienne a-t-il pu ne pas

1. *Mémoires de Bourrienne*, t. IV, p. 72.
2. *Ibid.*, t. IV, p. 172.
3. *Ibid.*, t. IV, p. 164.
4. *Bourrienne et ses erreurs*, t. I*ᵉʳ*, p. 268.

l'envoyer à son adresse ? Comment a-t-il osé la publier si elle est fausse ?

On peut juger, par ces quelques exemples, de la fidélité de cet étrange secrétaire. Sa probité ne vaut pas mieux. Bourrienne cherche à expliquer le motif, qui détermina Napoléon à se séparer de lui. Il avoue que c'est une question d'argent, une affaire de bourse. Le duc de Rovigo, qui était favorable à Bourrienne, parle de ce fait dans ses *Mémoires :*

« On épia ses habitudes, dit-il, on sut qu'il se livrait à des spéculations financières. L'imputation devenait facile. On l'accusa de *péculat*, c'était l'attaquer par l'endroit sensible... Le premier consul n'abhorrait rien tant que les moyens illégitimes d'acquérir de l'or[1]. »

On est allé plus loin ; on a parlé d'un véritable vol, d'un déficit de cent mille francs

1. *Mémoires du duc de Rovigo*, t. Ier, p. 419.

dans la caisse de la marine. Le fait est, qu'à diverses reprises, Napoléon imposa à Bourrienne des restitutions importantes qui se chiffraient par plusieurs millions et qu'il ne put effectuer. Il ne fallut rien moins que l'évidence, pour décider Napoléon à renvoyer l'homme qu'il voyait toujours à travers les souvenirs de sa jeunesse, et dont il appréciait la facilité de travail.

Joseph raconte qu'un jour, revenant de la campagne, il entra dans le cabinet du premier consul, où il ne trouva que Bourrienne. Celui-ci attendait le retour de Bonaparte, pour lui présenter la signature. Qui le croirait ? Bourrienne profita de cette minute de tête-à-tête, pour entretenir Joseph de la grande confiance que le chef de l'État avait en lui, et finit par lui faire des ouvertures. Ces « ouvertures, qui l'étonnèrent autant qu'elles le blessèrent[1] », avaient également

---

1. *Bourrienne et ses erreurs*, t. Ier, p. 24.

trait à des questions d'argent. Joseph ne cacha point à son frère les propositions de son secrétaire. Quelques instants après, Napoléon causait avec Joséphine de cet incident : « Si Bourrienne se permet de pareilles insinuations avec Joseph qu'il connaît à peine, ajouta-t-il qu'est-ce que ce doit être avec toi qu'il voit tous les jours? — Qui ne connaît Bourrienne? répondit Joséphine. Il n'y a que le premier consul qui ne veut pas le connaître[1]. » Après avoir rapporté cette scène, le roi Joseph ajoute: « A quelque temps de là, Bourrienne, surveillé, finit par être parfaitement connu du premier consul qui se contenta de l'éloigner de sa personne, *sans vouloir perdre* un homme avec lequel il était lié depuis si longtemps[2]. »

La disgrâce de Bourrienne dura trois ans, pendant lesquels il fut l'objet d'une véritable

---

1. *Bourrienne et ses erreurs*. t. Ier, p. 274.
2. *Ibid.*, t. Ier, p. 274.

surveillance. En 1805, Napoléon lui pardonna, et l'envoya remplir les fonctions de chargé d'affaires de France, auprès des villes hanséatiques.

Le blocus continental offrait un vaste champ à ses instincts d'agiotage. L'improbité reparut, et l'ancien secrétaire disgracié fut accusé de vendre à son profit des licences au commerce colonial. « Mon cousin (écrivait le 2 septembre 1810 Napoléon au maréchal Davoust, commandant en chef de l'armée d'Allemagne), je vous prie de prendre des informations sûres pour m'éclairer sur ce qui se passe à Hambourg, entre autres choses sur ce que fait le sieur Bourrienne, qu'on soupçonne de faire une immense fortune, en contrevenant à mes ordres[1]. »

Bourrienne est rappelé, et l'Empereur, dans une nouvelle lettre au même maréchal,

---

[1]. *Correspondance de Napoléon I*^{er}, t. XXI, p. 99, pièce n° 16859, édition de l'Imprimerie impériale.

du 1er janvier 1811, est plus explicite encore :
« Mon cousin, il me revient que le sieur
Bourrienne a gagné sept ou huit millions à
Hambourg, en délivrant des permis, ou en
faisant des retenues arbitraires[1]. » C'est le
général Compans, chef d'état-major général,
exerçant le commandement par intérim, qui
répond à l'Empereur : « C'est une opinion
générale, dit-il, que M. de Bourrienne a fait
une fortune prodigieuse à Hambourg...,
qu'il serait difficile de la constater juridiquement..., qu'il faudrait connaître ce qu'il
était autorisé à recevoir sur les passeports
ou certificats d'origine pour droits de chancellerie, mais que ce ne serait pas le tout,
parce que la position où se trouvait M. de
Bourrienne, et l'influence qu'il avait dans le
pays sur toutes les opérations de commerce,
l'ont mis à portée de satisfaire sa cupidité,

1. *Correspondance de Napoléon Ier*, t. XXI, p. 407, pièce 17258.

sous beaucoup d'autres rapports..., que du reste ses amis et les indifférents conviennent tous qu'il y a fait une fortune considérable¹. »

La condescendance intéressée de Bourrienne à Hambourg n'était pas seulement de la cupidité, c'était de la trahison, car ainsi que l'a dit l'Empereur : « Recevoir de l'argent là, c'est comme si on en recevait devant l'ennemi². »

Bourrienne a trahi en effet sous toutes les formes. Les relations du représentant de l'Empire avec les émigrés de Hambourg et d'Altona ne sont un secret pour personne. Il raconte dans ses *Mémoires* que *malgré les ordres contraires et très sévères* qu'il avait³, il toléra la présence de M. Hue, ancien valet de chambre de Louis XVI, qu'il lui communiqua les instructions qu'il avait

---

1. *Bourrienne et ses erreurs*, t. II, p. 235.
2. *Correspondance de Napoléon I⁰*, t. XXI, p. 100. Lettre de l'Empereur à Davoust, 2 septembre 1810.
3. *Mémoires de Bourrienne*, t. VIII, p. 51.

reçues sur son compte, qu'il l'engagea à n'avoir aucune inquiétude et à rester dans la ville, « pourvu qu'il mît de la prudence dans ses démarches ¹ ».

Mais à quoi bon démontrer la trahison de Bourrienne? Il en a touché le prix. Est-ce *pour rien* que l'empereur Alexandre le nomma, *motu proprio*, sans l'intervention du gouvernement provisoire, directeur général des postes, au moment de l'entrée des armées ennemies à Paris ?

Bourrienne reconnaît la part qu'il a prise au retour des Bourbons; il fait mieux, il s'en vante ! « Convaincu, dit-il dans le premier chapitre de son dernier volume, que la chute de Napoléon était inévitable, je crus que le premier devoir d'un citoyen était envers sa patrie; tous mes vœux, tous mes désirs se tournèrent donc vers la fondation d'un gouvernement sage et qui présentât des chances de

1. *Mémoires de Bourrienne*, t. VIII, p. 52.

durée. *Peut-être même quelques services de ma part ont-ils secondé* l'accomplissement de ces désirs et de ces vœux¹. » — Plus loin, Bourrienne enregistre avec une complaisance cynique ces paroles de Louis XVIII, écrasantes pour lui : « Ah ! monsieur de Bourrienne, je suis bien aise de vous voir. Je sais *les services que vous nous avez rendus à Hambourg et à Paris,* je vous en témoignerai avec plaisir ma reconnaissance². »

C'est Bourrienne qu'a voulu désigner Napoléon quand il dit à Sainte-Hélène : « J'avais quelqu'un en service intime auprès de moi, je l'aimais beaucoup, et j'ai été obligé de le chasser, parce que je l'ai pris plusieurs fois la main dans le sac, et qu'il volait par trop impudemment : eh bien ! qu'on le regarde, on lui trouvera un œil de pie³. »

1. *Mémoires de Bourrienne,* t. X, p. 5.
2. *Ibid.,* t. X, p. 241.
3. *Mémorial de Sainte-Hélène. Napoléon, ses opinions, ses jugements,* etc., par Damas-Hinard, t. II, p. 283.

Voilà l'homme à qui des écrivains passionnés ou frivoles n'ont pas craint de demander les secrets de l'âme de Napoléon !

Les *Mémoires de Bourrienne* empruntent-ils au moins, à une certaine exactitude des faits, l'autorité que ne peut leur donner la personne de leur auteur ? Contredits par les hommes les plus considérables, le prince d'Eckmühl, le duc de Cambacérès, Boulay de la Meurthe, le général Belliard, etc., ils ne sont pas même acceptés par les ennemis implacables de Napoléon, par les Metternich ou les Stein, qui leur infligent « un déni formel et positif », et les traitent d'œuvre « pateline et astucieuse[1] ».

Quelques contemporains de Bourrienne, indignés de ses calomnies, ont consacré deux volumes à relever les erreurs, les légèretés et les confusions qu'on y rencontre. Elles

1. *Mémoires du prince de Metternich*. Lettre de Stein, 25 janvier 1830, t. 1er, p. 267.

sont nombreuses. Ainsi il fait entrer le duc de Brunswick au service de la Prusse, en 1792¹, alors que le duc était le vétéran des guerres du grand Frédéric et son plus illustre lieutenant; — il attribue au général Sébastiani, et il place en 1806², la signature du traité avec la Turquie, qui fut conclu à Paris, le 25 juin 1802, à l'époque où il remplissait encore ses fonctions au cabinet du premier consul; — il dit assister au palais du Luxembourg au mariage de Murat, et ce mariage n'a pas été célébré à Paris, mais à Plailly, dans l'Oise³; — il fait de Bernier, évêque d'Orléans, l'évêque de Versailles⁴; — d'après lui, Clarke est en même temps ministre de la guerre et gouverneur de Berlin; — il place Joseph à l'ambassade de Rome, dès avant la bataille de Mondovi, alors que

1. *Mémoires de Bourrienne*, t. VII, p. 160.
2. *Ibid.*, t. VII, p. 144.
3. *Bourrienne et ses erreurs*, t. Iᵉʳ, p. 259.
4. *Ibid.*, t. 1ᵉʳ, p. 275.

la France n'était pas encore représentée auprès du pape; — il assure que Lannes ne pouvait prendre l'habitude de dire *vous* à l'Empereur; — il confond le général Carra Saint-Cyr avec le général Gouvion Saint-Cyr, et arrive par là aux plus étranges méprises; — il fait d'un misérable village, Werneck, une grande place de guerre; — il transporte Vienne sur la rive gauche du Danube. Je pourrais continuer indéfiniment l'énumération de ses erreurs.

Toutes ces légèretés n'ont peut-être qu'un assez mince intérêt, mais elles témoignent de la parfaite indifférence de Bourrienne, ou du rédacteur de ses notes, en fait d'exactitude. Au reste, l'auteur des *Mémoires* sait quand il veut, et il le veut souvent, s'élever de l'erreur involontaire à la calomnie voulue, de l'inexactitude à la falsification.

Dans quels termes Bourrienne s'exprime-t-il sur la famille de Napoléon, sur ses frères, sur ses sœurs, sur Murat ? Il accuse Murat d'avoir manqué de courage [1], Joseph est un concussionnaire [2], Jérôme une miniature d'Héliogabale [3], etc., etc. Sa diatribe se poursuit ainsi, à travers tout le livre, et on comprend l'exclamation indignée du roi Joseph, à la lecture de ce pamphlet : « Il faut *avoir mission* pour décrier ainsi les frères de Napoléon; Bourrienne est sans doute richement payé pour de telles inventions [4]. »

Quelques exemples éclairciront le procédé de Bourrienne : « Ici, écrit-il dans son second volume, j'ai un devoir rigoureux, je le remplirai, je dirai ce que je sais, ce que j'ai vu [5]. » Voilà un noble appel à la vérité ! Après quoi Bourrienne s'efforce d'établir que Bonaparte, dans la visite qu'il fit à l'hôpital

---

1. *Mémoires de Bourrienne*, t. III, p. 284.
2. *Ibid.*, t. IV, p. 316.
3. *Ibid.*, t. IV, p. 315.
4. *Bourrienne et ses erreurs*, t. Ier, p. 277.
5. *Mémoires de Bourrienne*, t. II, p. 254.

de Jaffa, n'a pas touché les pestiférés, et que les pestiférés n'ont point été évacués sur Damiette et sur Jaffa, mais empoisonnés : « Bonaparte traversa rapidement les salles, dit Bourrienne... Je marchais à côté du général, ajoute-t-il, *j'affirme ne l'avoir point vu toucher un pestiféré*[1]. » Or, pour juger de cette affirmation, il suffit de lire ce que M. l'intendant général d'Aure, ancien administrateur général de l'armée d'Orient, écrivait sur le même sujet, le 8 mai 1829, au *Journal des Débats*, dans une lettre que cette feuille refusa d'insérer : « Je commencerai par la visite de l'hôpital de Jaffa; elle eut lieu le 21 ventôse, cinq jours après notre entrée dans cette ville. Le général en chef, Bonaparte, accompagné du docteur Desgenettes, médecin en chef de l'armée, et d'une partie de son état-major, visita cet hôpital dans le plus grand détail; il fit plus que de toucher les bubons :

---

1. *Mémoires de Bourrienne*, t. II, p. 256-257.

aidé d'un infirmier turc, le général Bonaparte souleva et en porta un pestiféré qui se trouvait au travers de la porte de l'une des salles; cette action nous effraya beaucoup, parce que l'habit du malade était couvert d'écume et de dégoûtantes évacuations d'un bubon abcédé. Le général continua, avec calme et intérêt, sa visite, parla aux malades, chercha, en leur adressant les paroles de consolation, à dissiper l'effroi que la peste jetait dans les esprits, et termina sa longue visite, en recommandant aux soins des officiers de santé, les pestiférés auxquels il avait témoigné tant d'intérêt[1]. »

C'est un témoin oculaire qui parle. On en pourrait invoquer beaucoup d'autres, notamment Desgenettes[2]. Bourrienne, qui prétend avoir été présent à la scène de Jaffa, a

---

1. *Bourrienne et ses erreurs*, t. Ier, p. 44-45.
2. *Histoire médicale de l'armée d'Orient*, par Desgenettes, médecin en chef, p. 43.

donc affirmé sciemment le contraire de la vérité. Pour soutenir la fable de l'empoisonnement des pestiférés, Bourrienne affirme qu'on n'a pas pu les évacuer : « On a dit, écrit-il, que l'on embarqua les pestiférés sur des vaisseaux de guerre, mais il n'y en avait pas. Et où ont-ils été débarqués ? Qui les a reçus ? Qu'en a-t-on fait ? Personne n'en parle [1]. » Et ailleurs : « Comment aurait-on pu évacuer par mer ? il n'y avait pas une barque [2]. »

Eh bien, voici le récit de M. l'administrateur général d'Aure : « L'évacuation par mer sur Damiette se fit par l'embarquement des blessés et des *pestiférés* sur *sept bâtiments*, qui se trouvaient dans le port de Jaffa, mis à ma disposition par l'amiral Gantheaume et commandés par des officiers de marine. Ces bâtiments étaient le chébec la *Fortune*, la chaloupe l'*Hélène* et les djermes numéros

1. *Mémoires de Bourrienne*, t. II, p. 259.
2. *Ibid.*, t. II, p. 255.

1,3,4,5,6. » [1] Cette réponse péremptoire de M. D'Aure est confirmée par le commissaire des guerres Grobert : « Les évacuations, dit-il, eurent lieu seulement depuis Jaffa par ses soins, l'une par mer sur Damiette, sous la conduite de M. le commissaire des guerres Alphonse Colbert, l'autre par terre sur El-Arich, dont la police lui fut confiée ; elle était escortée par le 2ᵉ bataillon de la 69ᵉ demi-brigade, sous le commandement de l'adjudant général Boyer [2]. »

Voici maintenant les événements du 18 brumaire ; ils sont racontés par Bourrienne avec une égale mauvaise foi. Il dénature les faits, il défigure les paroles de Bonaparte, et, pour mieux tromper le lecteur sur l'attitude qu'il prête au général devant le conseil des anciens, il a recours à une indigne supercherie. Il prétend transcrire le

1. *Bourrienne et ses erreurs*, t. 1ᵉʳ, p. 36.
2. *Ibid.*, t. 1ᵉʳ, p. 53.

discours du général au conseil des anciens ; mais, au lieu de reproduire celui qu'il prononça le 19 brumaire, à quatre heures de l'après-midi, à Saint-Cloud, dans les conditions que Bourrienne a indiquées lui-même, il copie le discours prononcé la veille, à Paris, devant le même conseil, à huit heures du matin !

En revanche, quand Bourrienne parle des royalistes, le ton change : ministre de la Restauration, il donne carrière à son servilisme et à son esprit d'invention. Ainsi, au sujet de la conjuration et de l'arrestation de Georges Cadoudal et de ses complices, il conclut en disant : « On jugea convenable de les faire paraître devant le tribunal spécial auquel Bonaparte avait donné comme président le régicide Hémart. Je me rappelle que ce choix inspira dans tout Paris une horreur générale, tant il parut un indice du désir de ne trouver que des coupables, ou de faire condamner des hommes innocents[1]. » Or Hémart n'a jamais fait partie de la Convention ; il ne pouvait par conséquent être régicide. Hémart était depuis longtemps président du tribunal, il n'a donc pu être l'objet d'un choix.

J'en ai assez dit sur les *Mémoires de Bourrienne.* Un des hommes les plus éminents, les plus patriotes de la Révolution et de l'Empire, M. Boulay (de la Meurthe), a flétri cette œuvre de passion et de rancune en termes dignes d'être rapportés :

« Je ne crains pas de dire que ces pages renferment à peine quelques assertions qui ne soient pas susceptibles d'une juste critique. Les faits, les motifs, les intentions, tout est controuvé ou dénaturé. Au lieu d'un récit simple, fidèle et vraiment historique, on n'y trouve qu'un mauvais roman sans

---

1. *Mémoires de Bourrienne,* t. VI, p. 114.

liaison, sans jugement, sans vraisemblance, dont Bourrienne a pris les matériaux, en partie dans son imagination égarée par la vengeance et la cupidité, et en plus grande partie dans ces écrits antérieurs, également inspirés par la passion, et qui ne méritent que le nom de libelles[1]. »

Chez les hommes de la génération de 1830, ces libelles n'ont soulevé que le dégoût. On accueillait alors avec indignation les écrits qui s'attaquaient à nos gloires et qui fêtaient nos malheurs. Ne nous reste-t-il rien de cette indignation généreuse? L'esprit de parti nous a-t-il à ce point transformés et, abaissés, que nous en soyons venus à prêter l'oreille à des Bourrienne !

[1]. *Bourrienne et ses erreurs*, t. II, p. 46.

MADAME DE RÉMUSAT

Madame de Rémusat est-elle un historien qui mérite une réfutation sérieuse? Peut-on même dire qu'elle est un historien? Assurément non. Cependant, comme M. Taine a trouvé bon de puiser à pleines mains dans ses *Mémoires*, force est bien de parler de ce recueil de cancans, où éclatent toutes les petites passions, amour-propre froissé, calculs trompés, ambition inassouvie, rancune de la femme négligée et déçue.

Au reste, pour réfuter madame de Rémusat, j'ai un précieux auxiliaire : c'est elle-même. Je mettrai en opposition ses *Lettres* et ses *Mémoires*. Le rapprochement est décisif. Il est impossible de se condamner plus complètement.

Les *Mémoires de madame de Rémusat*, publiés par son petit-fils, M. Paul de Rémusat, ont été écrits en 1818, plusieurs années après la chute de l'Empire, dans des conditions qu'il est bon de rappeler.

L'œuvre posthume de madame de Staël (*Considérations sur la Révolution française*) venait de paraître. Madame de Rémusat est « frappée de ces pages véhémentes où l'auteur se livre à sa haine un peu déclamatoire sur Napoléon. Elle éprouvait bien quelques sentiments analogues, mais elle ne pouvait oublier qu'elle avait pensé d'une façon tant soit peu différente. Les personnes qui aiment à écrire sont bien aisément tentées d'expliquer sur le papier leur conduite et leurs sentiments¹ ».

Elle fut encouragée dans ce travail par son fils Charles, qui lui écrit à propos du livre de madame de Staël : « Ce livre, ma mère, a réveillé très vivement mon regret que vous ayez brûlé vos *Mémoires*. Mais je me suis dit aussi qu'il faut y suppléer autant que possible... Tâchez de retrouver, non pas le détail des événements, mais surtout vos impressions à propos des événements²... »

Madame de Rémusat était effrayée par les difficultés de la tâche. Elle ne se dissimulait pas les lacunes de son œuvre : elle reconnaissait qu'elle n'avait vu en quelque sorte que l'envers des événements, elle savait que leur origine, leur but, leur lien lui avaient échappé :

---

1. *Mémoires de madame de Rémusat*, t. I⁵ʳ. Préface, p. 86.
2. *Correspondance de M. de Rémusat*, t. IV, p. 287.

« On ne peut, disait-elle, attendre d'une femme un récit de la vie politique de Bonaparte... Lorsque je fis mon entrée à Saint-Cloud et pendant les premières années que j'y demeurai, je n'ai pu saisir que des faits isolés et à de longs intervalles. Je dirai du moins ce que j'ai vu ou cru voir[1]... »

Ainsi, de son aveu, les *Mémoires de madame de Rémusat* ont été écrits à un moment où elle ne pouvait plus être sincère. Sans entrer ici dans des considérations d'un ordre plus intime, il suffit de dire que, hantée par l'œuvre violente de madame de Staël, poussée par son fils, qui était attaché aux idées faussement appelées libérales, et qui exerçait sur elle une grande influence, cédant enfin à sa haine politique, madame de Rémusat fut « mordue du besoin de parler de Bonaparte[2] »; elle n'a

---

[1]. *Mémoires de madame de Rémusat*, t. Ier, p. 167.
[2]. *Ibid.*, t. Ier. Préface, p. 87.

fait et n'a pu faire qu'une œuvre de parti.

Elle n'était pas du reste sans appréhension au sujet de la publication de ces *Mémoires*. En 1818, le 8 octobre, elle écrivait à son fils : « Savez-vous une réflexion qui me travaille quelquefois ? Je me dis : s'il arrivait qu'un jour mon fils publiât tout cela, que penserait-on de moi[1] ? »

Les « scrupules » de son fils, son long retard à permettre cette publication ne tiennent-ils pas un peu à la même cause ? Mais le second empire est renversé ; on veut porter un grand coup au nom de Napoléon et on publie sur-le-champ ce livre d'une femme passionnée dont on n'hésite plus à compromettre la mémoire.

Voici ce qu'écrit Charles de Rémusat sur l'ouvrage de sa mère : « A quelque époque que ces *Mémoires* paraissent, j'augure qu'ils

---

1. *Mémoires de madame de Rémusat*, t. Ier. Préface, p. 93.

ne trouveront pas le public entièrement prêt à les accueillir sans réclamation...[1] Je conjecture que la multitude tiendra à son erreur, *et non auferetur ab ea*. Il est donc peu probable que l'esprit dans lequel ma mère a écrit soit jamais populaire, et tous les lecteurs ne seront pas convaincus. Je m'y attends[2]. »

Peut-on prétendre que l'esprit dans lequel les *Mémoires de madame de Rémusat* ont été écrits n'est que le résultat des opinions politiques qui avaient remplacé chez l'auteur celles qu'elle professait sous l'Empire? Non, si en 1818, elle a voulu rabaisser le régime et le gouvernement impérial, c'est surtout un homme qu'elle a visé et tenté de flétrir, et non des idées. Elle semble alors avoir perdu le souvenir de ce qu'elle a écrit

1. *Mémoires de madame de Rémusat*, t. III. Préface, p. 5.
2. *Ibid.*, t. III. Préface, p. 7.

naguère. Les contradictions sont flagrantes. En refaisant ses *Mémoires*, elle s'attribue en 1805 et 1806 des aspirations libérales[1], qui n'étaient pas même encore les siennes en 1815, après la chute de Napoléon[2]. Et il ressort de sa Correspondance qu'elle avait, dans cette même année 1805, une préférence marquée pour la forme autoritaire : « Notre nation, si vantée, si vaine, a toujours été inconséquente... D'après tous les excès au travers desquels elle s'est jetée, elle était moins faite que tout autre pour être gouvernée par des idées libérales... Je me suis avisée de dire cela à notre viel ami... il m'a reproché d'avoir du goût pour le despotisme[3]. »

Mais on aperçoit bientôt un autre sentiment d'un ordre plus intime et beaucoup

---

1. *Mémoires de madame de Rémusat*, t. Ier, p. 379.
2. *Correspondance de M. de Rémusat*, t. Ier, p. 44.
3. *Lettres de madame de Rémusat*, t. Ier, p. 244 et 245.

moins élevé, qu'il est impossible de passer sous silence.

M. et madame de Rémusat étaient, en 1802, dans une situation de fortune précaire. « M. de Rémusat, écrit-elle, songeait à sortir de l'obscurité et, pourquoi ne le dirait-on pas, de la gêne [1]. » C'est grâce à l'intimité de sa femme avec madame de Beauharnais, devenue madame Bonaparte, qu'il y parvint. M. de Rémusat fut attaché à la maison du premier consul, madame de Rémusat reçut le titre de dame pour accompagner, et plus tard, de dame du palais. L'accueil qu'ils reçurent du premier consul fut de nature à leur faire concevoir les plus belles espérances : « Nous fûmes aussitôt, mon mari et moi, dans une grande évidence qu'il fallut nous faire pardonner. Nous y parvînmes en évitant tout ce qui pouvait faire croire que

1. *Mémoires de madame de Rémusat*, t. Ier. Préface, p. 27.

nous voulussions faire de notre faveur du crédit [1]. »

Dès cette époque, madame de Rémusat était une personne d'un esprit fin et distingué, c'est elle qui le dit : « La plupart de mes compagnes étaient plus belles que moi... il semblait que nous eussions fait tacitement cette sorte de pacte qu'elles charmeraient les yeux du premier consul, quand nous serions en sa présence, et que moi je me chargerais de plaire à son esprit [2]. »

On comprend tout de suite quelle place elle entend prendre à cette cour encore fort restreinte. Le premier consul fut du reste pour elle d'une bonne grâce, d'une bienveillance, d'une indulgence même, qui la ravirent. Il allait jusqu'à lui permettre certaines réflexions, quelquefois même certains blâmes qu'il supportait patiemment. Il goûtait son

1. *Mémoires de madame de Rémusat*, t. Ier, p. 177.
2. *Ibid.*, t. Ier, p. 178.

esprit : « Elle était à peu près la seule femme avec qui il causât[1]. »

Elle fit un séjour d'un mois au camp de Boulogne, pendant une maladie de M. de Rémusat. Elle déjeunait et dînait tous les jours avec Bonaparte, à la maison du Pont de Briques: « Il me prescrivait, dit-elle, de venir tous les jours dîner et déjeuner avec lui. A six heures, Bonaparte rentrait et alors il me faisait appeler. Quelquefois il donnait à dîner, d'autres fois nous dînions en tête-à-tête, et alors il causait d'une multitude de choses[2]. »

Les soirées se passaient souvent à disserter sur les plus graves questions de philosophie, de littérature, d'art, ou à écouter le consul faire le récit de ses jeunes années et de ses premières conquêtes.

---

1. *Mémoires de madame de Rémusat*, t. Ier. Préface, p. 32.
2. *Ibid*, t. Ier, p. 265-266.

L'esprit de cette jeune femme de vingt ans s'exaltait dans cette familiarité; son imagination se donnait carrière. Elle formait des rêves de grandeur et d'ambition qui ne se sont jamais réalisés. Ce sont ces rêves, qui ont laissé, dans son âme, l'amertume dont sont remplis ses *Mémoires*. La blessure s'est élargie à mesure que madame de Rémusat a vu s'élever à côté d'elle, et bientôt la dépasser, au point de vue de l'influence et des honneurs, beaucoup de personnes de la cour qui, suivant elle, n'approchaient pas de son mérite. « Bonaparte, dit-elle, garda mon mari près de lui, il l'employa, mais il ne l'éleva point là où il a porté tant d'autres... de plus, le moment ne tarda pas d'arriver, où nous perdîmes notre importance. Bientô des gens égaux à nous, et presque aussitôt des gens bien supérieurs par leur naissance et par leur fortune, sollicitèrent la faveur de faire partie de cette cour. Des personnes plus habiles en intrigues eussent redoublé d'adresse et d'assiduité,... mais nous cédâmes, et quand un motif quel qu'il soit vous fait lâcher pied à la cour, il est bien rare qu'on puisse regagner le poste qu'on occupait[1]. » Et elle ajoute : « Je finis par souffrir de mes espérances trompées, de mes affections déçues, des erreurs de quelques-uns de mes calculs[2]. »

A son retour de Boulogne, madame de Rémusat fut en butte aux commentaires malveillants de la cour, et la jalousie de Joséphine en fut alarmée : « Les militaires de la maison s'étonnaient quelquefois qu'une femme pût ainsi demeurer de longues heures avec leur maître, pour causer sur des matières toujours un peu sérieuses, ils en tirèrent des conclusions qui compromettaient ma conduite... Quand la cour revint à Paris, les aides

1. *Mémoires de madame de Rémusat*, t. Ier, p. 403-404.
2. *Ibid.*, t. II, p. 377.

de camp s'amusèrent de nos longs tête-à-tête... Madame Bonaparte s'effaroucha des récits qu'on lui en fit... Je trouvai ma jalouse patronne un peu refroidie... Ma jeunesse et tous mes sentiments se révoltaient contre de semblables accusations. Cependant ce qu'on me disait m'expliquait la contrainte de madame Bonaparte à mon égard[1]. »

En ce moment, la cour du premier consul était devenue beaucoup plus nombreuse. On y vivait dans une moins grande intimité avec Bonaparte. Madame de Rémusat trouva donc moins d'occasions de faire valoir, devant lui, les charmes de son esprit. Napoléon devenu empereur, les rapports directs avec lui furent de plus en plus rares. C'est alors que « douée d'une faculté un peu maladive d'imagination, et, entraînée par sa nature d'esprit à s'entremettre aux choses qui ne sont pas de son

---

1. *Mémoires de madame de Rémusat*, t. 1er, p. 281 et 282.

ressort », madame de Rémusat fut mêlée à plusieurs intrigues royalistes. L'Empereur naturellement lui en sut mauvais gré.

« Ma mère, dit Charles de Rémusat dans sa préface, consentit à donner à dîner à madame de Rumfort avec M. de Talleyrand et Fouché. Ce n'était pas un acte d'opposition... c'est cependant cette rencontre assez naturelle, dans son motif, mais qui, j'en conviens, était insolite et ne s'est point renouvelée, qui fut présentée à l'Empereur, dans les rapports qu'il reçut en Espagne, comme la preuve d'une importante coalition[1]. »

Voici une autre intrigue plus grave et qui fut jugée très sévèrement par l'Empereur; écoutons madame de Rémusat elle-même :
« Madame de..., voulant jouer un tour à madame de Damas, parla d'elle, comme d'une

---

1. *Mémoires de madame de Rémusat*, t. Ier, p. 43-44-45.

personne plus exaltée que jamais dans son royalisme, prête à entretenir des correspondances secrètes et profitant de l'indulgence qu'on lui avait témoignée pour agir contre l'Empereur, autant qu'elle le pourrait. Ma liaison avec elle fut représentée comme plus intime encore qu'elle ne l'était. Ces discours, rapportés à l'Empereur, l'aigrirent contre moi... il cessa de m'appeler à son jeu et de me parler ; il ne me fit inviter à aucune des chasses ou des parties de la Malmaison, et je fus bientôt en disgrâce... Je pris le parti de le voir; mais cette fois, toute sa manière fut sévère avec moi. Il me reprocha d'être liée avec ses ennemis, de me faire l'agent des royalistes, d'avoir soutenu les Polignac, etc. « Je voulais faire de vous, me dit-il, une » grande dame, élever très haut votre for- » tune, mais tout cela ne pouvait être que le » prix du dévoûement[1]. »

1. *Mémoires de madame de Rémusat*, t. II, p. 101-102-104.

Toutefois M. de Rémusat ne fut pas atteint par la disgrâce de sa femme; il fut nommé grand maître de la garde-robe, premier chambellan et plus tard surintendant des théâtres, et Napoléon ne cessa pas de le comprendre dans ses faveurs. M. de Rémusat reçut de lui des sommes considérables pour tenir un état de maison. C'est vers cette époque que fut achetée la terre de Lafitte, qui est encore dans la famille. Mais madame de Rémusat n'exerça plus désormais sur l'esprit de l'Empereur le charme qu'avait si vivement ressenti le premier consul.

Elle fit alors commerce d'amitié avec M. de Talleyrand qu'elle jugeait cependant assez sévèrement peu de temps avant : « Je ne connaissais pas M. de Talleyrand, dit-elle, et ce que j'avais entendu dire de lui me donnait de grandes préventions... M. de Talleyrand, plus factice que qui que ce soit, a su se faire comme un caractère naturel d'une foule d'habitudes prises à dessein... je m'en défiais vaguement[1]. » Enfin, en 1818, après l'avoir beaucoup pratiqué, elle achève le portrait : « Il est certain qu'une funeste insouciance du bien et du mal fut le fondement de la nature de M. de Talleyrand[2]. »

Était-ce l'intérêt qui commandait cette liaison avec le grand chambellan? On pourrait le croire en entendant madame de Rémusat : « M. de Talleyrand n'était pas sans crédit sur l'Empereur, les opinions qu'il énonça en parlant de M. de Rémusat nous furent utiles, et nous nous aperçûmes que notre considération avait gagné... Cette liaison nous devint fort utile. M. de Talleyrand, comme je l'ai dit, entretint l'Empereur de nous et lui persuada que nous étions très propres à tenir une grande maison, et à re-

---

1. *Mémoires de madame de Rémusat*, t. Ier, p. 195-196.
2. *Ibid.*, t. III, p. 329.

cevoir. Aussi l'Empereur se détermina-t-il à nous donner les moyens de nous établir à Paris d'une manière brillante... M. de Talleyrand fut chargé de nous annoncer ces faveurs, et je me sentis très heureuse de les lui devoir[1]. »

Associés à la fortune de M. de Talleyrand, M. et madame de Rémusat furent, comme on l'a vu, atteints par sa disgrâce.

C'est dans les conversations de M. de Talleyrand que madame de Rémusat a puisé beaucoup des anecdotes malveillantes sur Napoléon qu'elle rapporte dans ses *Mémoires* : « Toutes ces différentes anecdotes que j'écris à mesure que je me les rappelle, je ne les ai sues que bien plus tard, et lorsque mes relations plus intimes avec M. de Talleyrand m'ont dévoilé les princi-

---

1. *Mémoires de madame de Rémusat*, t. III, p. 192, 270, 271.

paux traits du caractère de Bonaparte[1]. »

Même après le divorce de l'Empereur, madame de Rémusat conserva sa place de dame du palais auprès de Joséphine, et M. de Rémusat resta premier chambellan jusqu'à la chute de l'Empire. Il avait été remplacé dans ses autres charges, et notamment dans celle de grand maître de la garde-robe.

Il se rallia immédiatement à la Restauration et fut nommé préfet de la Haute-Garonne, en 1815. A Toulouse, l'ancien chambellan de l'Empereur devint l'homme de la Terreur blanche. Le général Ramel, ardent royaliste pourtant, fut massacré par des brutes féroces. Le préfet n'osa pas intervenir, quoique le supplice de l'infortuné ait duré de longues heures et qu'il ait eu lieu, pour ainsi dire, sous ses yeux. Le ministre de la police, M. Decazes, lui enjoignit de

---

1. *Mémoires de madame de Rémusat*, t. Ier, p. 231.

poursuivre les assassins. « Ce serait, répondit cet étrange administrateur, donner la préférence à un parti sur un autre. » — Les assassins du général Ramel ne furent pas inquiétés. M. de Rémusat obtint de l'avancement : il fut nommé préfet de Lille. Et madame de Rémusat écrit : « Lorsqu'en 1814, [nombre de gens se sont étonnés de l'ardeur avec laquelle je pressais de tous mes vœux la chute du fondateur de ma fortune... lorsqu'ils ont taxé d'ingratitude notre prompt abandon de la cause de l'Empereur, c'est qu'ils ne pouvaient lire dans nos âmes, c'est qu'ils ignoraient les impressions qu'elles avaient reçues de longue main[1]. »

La haine de la femme déçue, du courtisan éconduit ne pardonne jamais. Voilà la moralité des *Mémoires de madame de Rémusat*.

Si ces *Mémoires*, refaits en 1818 dans les circonstances que j'ai indiquées, doivent

---

1. *Mémoires de madame de Rémusat*, t. III, p. 131.

être justement suspects, les lettres de madame de Rémusat à son mari, au contraire, lettres écrites au jour le jour, sous l'Empire, et récemment publiées, sont une source précieuse pour l'histoire. C'est une correspondance tout intime qui n'était pas destinée à la publication. On n'y trouve que des impressions vives, spontanées et sincères. « Cette espèce de profession de foi que je vous fais écrit-elle à son mari, vous prouvera qu'en vous écrivant, je ne fais que penser tout haut[1]. »

Eh bien ! que pensait madame de Rémusat, quand elle écrivait ces *Lettres?* Comment jugeait-elle les événements qui la frappaient, et qu'elle notait à mesure ? Comparons les *Mémoires* avec les *Lettres*. Cette comparaison sera instructive. Elle pourrait fournir une étude curieuse du cœur humain,

---

1. *Lettres de madame de Rémusat*, t. I", p. 118.

je n'y chercherai que la preuve écrasante de la partialité de l'auteur. Il faut en vérité peu de souci de l'histoire et une complète indifférence de l'opinion, pour publier, l'un après l'autre, des documents aussi contradictoires.

Voici d'abord le portrait que madame de Rémusat trace de Napoléon dans ses *Mémoires :* « Rien n'est si rabaissé, il faut en convenir, que son âme, nulle générosité, point de vraie grandeur. Je ne l'ai jamais vu comprendre ni admirer une belle action... Tous les moyens de gouverner les hommes ont été pris par Bonaparte parmi ceux qui tendent à les rabaisser[1]. » — « Là où il ne voyait point de vice, il encourageait les faiblesses ou faute de mieux il excitait la peur[2]. » — « Il y a dans Bonaparte, une certaine mauvaise nature innée qui a parti-

---

1. *Mémoires de madame de Rémusat*, t. Ier, p. 105-106.
2. *Ibid.*, t. II, p. 366.

culièrement le goût du mal, dans les grandes choses comme dans les petites[1]. » — « Comme il devenait pénible de le servir, lorsque l'on conservait au dedans quelques-unes des facultés qui, par l'effet d'une sorte d'instinct, avertissent l'âme des émotions qu'elle est destinée à supporter[2] ! » — « Il entrevit dans la guerre le moyen de nous distraire des réflexions que sa manière de gouverner devait tôt ou tard nous inspirer, et il se la réserva pour nous étourdir, ou du moins pour nous réduire au silence[3]. » — « Bonaparte sentait qu'il serait perdu infailliblement du jour où son repos forcé nous permettrait de réfléchir et sur lui et sur nous[4]. » Aussi quand l'Empereur s'éloigne, quelle délivrance !

---

1. *Mémoires de madame de Rémusat*, t. III, p. 333.
2. *Ibid.*, t. III, p. 129.
3. *Ibid.*, t. II, p. 273.
4. *Ibid.*, t. Ier, p. 199.

« A Paris, la vie était morne, mais paisible, l'absence de l'Empereur semblait toujours apporter un peu de soulagement, on n'y parlait pas davantage, mais on y paraissait mieux respirer, et cette allégeance se remarquait surtout, dans ceux qui tenaient de plus près à son gouvernement[1]. »

On ne parle pas autrement d'un tyran détesté. Voilà les sentiments que madame de Rémusat, écrivant en 1818, prétendait avoir professés de 1802 à 1808. Voici maintenant les extraits de sa correspondance qui se rapportent exactement aux mêmes années : « Quel empire, mon ami, que cette étendue de pays jusqu'à Anvers! Quel homme que celui qui peut le contenir d'une seule main ! combien l'histoire nous en offre peu de modèles[2] ! » — « Tandis qu'en marchant, il crée pour ainsi dire de nouveaux peuples, on doit

1. *Mémoires de madame de Rémusat*, t. III, p. 92.
2. *Lettres de madame de Rémusat*, t. Iᵉʳ, page 196.

être bien frappé d'un bout de l'Europe à l'autre de l'état remarquable de la France. Cette marine formée en deux ans, après une révolution destructive et qui prend enfin une attitude offensive, après avoir excité longtemps les railleries d'un ennemi imprévoyant ; ce calme dans toutes les parties de l'Empire, tandis que son chef est éloigné ; enfin, l'administration n'ayant souffert dans aucune de ses parties de cette longue absence ! Voilà bien de quoi causer la surprise et l'admiration, voilà de quoi réchauffer des imaginations généreuses, et je sens que je ne suis pas encore vieillie pour cette sorte d'exaltation[1]. » — « Lorsque je reviens à la paix dont nous jouissons, à cette liberté réglée qui me suffit bien à moi, à cette gloire dont mon pays est couvert, à cette pompe, à cette magnificence même que j'aime parce qu'elle est la preuve que tout est accompli ;

1. *Lettres de madame de Rémusat*, t. 1er, p. 196.

enfin lorsque je songe que cette prospérité est l'ouvrage d'un seul homme, je me sens pénétrée d'admiration et de reconnaissance. Cher ami, ceci bien entre nous, car il est des personnes, qui voudraient trouver, à ces sentiments, un autre motif que celui qui les inspire ; et puis, il me semble que les louanges données par le cœur sont moins pressées de se produire que celles dictées par l'esprit[1]. » — « Enfin je retrouve du plaisir et de la joie ! Quel bonheur de revoir l'Empereur, et comme ce plaisir sera senti ici ! Cette belle campagne, cette paix glorieuse, ce prompt retour, tout est merveilleux, et pour moi qui aime à mettre la Providence de moitié dans les événements de la vie, je me plais à retrouver dans ceux-ci sa main protectrice[2]... » — « Les Français sont un peu comme

---

1. *Lettres de madame de Rémusat*, t. Ier, p. 160.
2. *Ibid.*, t. II, p. 2.

les femmes, exigeants et pressés ; il est vrai que l'Empereur nous a gâtés dans cette campagne, et certes jamais amant ne fut plus empressé à satisfaire les désirs de sa maîtresse, que Sa Majesté ne l'a été à contenter nos vœux... Vous voulez une prompte marche? Eh bien, voilà une armée qui était à Boulogne, et qui va se trouver en trois semaines en Allemagne. Il vous faut une ville prise? Voilà Ulm qui s'est rendu. Vous n'êtes pas contents ! encore d'autres victoires ? les voici ; et puis Vienne que vous souhaitiez et enfin une bataille rangée, afin qu'il ne manque aucune espèce de succès. Ajoutez à tout cela une suite d'actions nobles et généreuses, des mots toujours bien placés, pleins de grandeur et de bonté, tant que le cœur jouit aussi de cette gloire et qu'il peut la joindre à tout l'orgueil national qu'elle nous inspire[1]...» — « Je pleurais de toutes mes forces

---

[1]. *Lettres de madame de Rémusat*, t. Ier, p. 390.

pendant ce temps. Je me sentais si émue que je crois que si l'Empereur s'était présenté dans ce moment, je me serais jetée à son cou, quitte à lui en demander, après, pardon à ses pieds[1]... » — « La belle histoire à écrire ! Que je voudrais en avoir le talent[2] ! »

Ainsi, madame de Rémusat, dans ses *Lettres*, voudrait être historiographe pour signaler Napoléon à l'admiration du monde; dans ses *Mémoires*, elle le flétrit et le dénonce à toutes les haines de l'opinion.

Continuons le parallèle.

Les *Mémoires* accusent formellement Napoléon de manquer de courage : « Tout courage généreux, y est-il dit, semble lui être étranger[3]. » Et voici maintenant comment elle parle dans ses *Lettres* :

« Cette hardiesse, quelquefois téméraire,

1. *Lettres de madame de Rémusat*, t. Ier, p. 394.
2. *Ibid.*, t. Ier, p. 393.
3. *Mémoires de madame de Rémusat*, t. Ier, p. 106.

que le bonheur accompagne toujours, ce sang-froid au milieu du péril, cette prévoyance si sage et cette détermination si prompte, tout cela excite des sentiments d'admiration qui paraissent ne jamais être surpassés et qui se renouvellent toujours¹. »

Si l'on s'en rapporte aux *Mémoires*, l'Empereur imposait la gêne et la contrainte à tous ceux qui l'approchaient : « On le craignait partout, dit-elle, et dans une fête comme ailleurs, on démêlait toujours sur le visage de chacun quelque chose de ce secret effroi qu'il aimait à inspirer²... » — « Il ne savait, et, je crois, ne voulait mettre personne à l'aise, craignant la moindre apparence de familiarité et inspirant à chacun l'inquiétude de s'entendre dire devant témoin quelque parole désobligeante³. »

1. *Lettres de madame de Remusat*, t. II, p. 45.
2. *Mémoires de madame de Rémusat*, t. II, p. 350.
3. *Ibid.*, t. III, p. 233.

Lisons les *Lettres* : la bonne grâce de l'Empereur est irrésistible. « J'ai vu hier M. de Neny qui avait dîné avec des habitants de Semur, encore tout pleins de la grâce avec laquelle il s'est montré dans cette petite ville qui, par sa position loin de la grande route, et son peu d'importance, ne s'est jamais crue digne d'attirer l'attention d'aucun gouvernement. L'Empereur a employé près d'une heure à entretenir les chefs des habitants de ce qu'on pouvait faire d'eux et de leur territoire, des avantages à leur situation. Enfin ils sont restés confondus et fiers des moyens inconnus qui leur étaient découverts. Après, avec ce sourire que nous lui connaissons, il a ravi tous ceux qui l'ont vu, il a soigné chaque autorité ; il a été aimable pour le maire, gracieux et gai, enfin la ville de Semur est dans l'ivresse et n'oubliera de longtemps cette visite[1]. »

1. *Lettres de madame de Rémusat*, t. Ier, p. 118.

Madame de Rémusat, qui doit être experte en ces matières, représente Napoléon dans ses *Mémoires* comme gauche et gêné avec les femmes : « Il n'y avait pas une femme qui ne fût charmée de le voir s'éloigner de la place où elle était[1]... » — « Bonaparte a éprouvé toute sa vie une sorte de gêne avec les femmes, et comme toute gêne lui donnait de l'humeur, il les a toujours abordées de mauvaise grâce, ne sachant guère comment il faut leur parler[2]. »

Ah! que cette peinture est différente de celle qu'elle fait dans ses *Lettres!* « Je ne sais, écrit-elle le 24 avril 1805, si vous avez lu les journaux français; dans ce cas, vous aurez vu un détail fort circonstancié des manières tout aimables de l'Empereur à

---

1. *Mémoires de madame de Rémusat*, t. II, p. 77.
2. *Ibid.*, t. Ier, p. 112.

Brienne. Madame de Brienne en a la tête tournée de joie. Il est vrai qu'il est impossible de mettre plus de grâce qu'il n'en a mis dans cette visite. J'ai vu des lettres à M. de Damas, qui sont pleines de récits, de mots charmants; enfin c'est une véritable *coquetterie*, et qui a fort bien réussi dans votre difficile société. Il a bien fallu que nos sévères convinssent de l'amabilité de notre souverain... Il n'y a pas une femme que nous connaissons, qui n'eût été transportée comme madame de Brienne[1]. »

Nous voici au chapitre de la reconnaissance; madame de Rémusat s'efforce, dans ses *Mémoires*, d'en alléger le poids : « Nous étions arrivés pauvres auprès du premier consul, ses largesses, plutôt *vendues que données*, nous avaient environnés du luxe qu'il savait si bien prescrire[2]. »

---

1. *Lettres de madame de Rémusat*, t. Ier, p. 100.
2. *Mémoires de madame de Rémusat*, t. III, p. 126.

Consultons les *Lettres*. Nous allons voir en quels traits de feu s'exprime la reconnaissance de madame de Rémusat et de quel cœur elle la savoure :

« Le sentiment de reconnaissance, que nous lui devons tous, est si doux, qu'en vérité il me semble être un bienfait de plus[1]... » — « J'aime, dit-elle à son mari, qu'il récompense ton zèle par une préférence que tu mérites. Assurément ce n'est qu'à lui dans le monde, que je puis consentir à te céder[2]. »

Et, comme M. de Rémusat se montrait heureux d'un sourire que lui avait adressé l'Empereur : « Je voudrais que vous eussiez souvent de ces aimables sourires du maître, qui vous consolent. Vous n'êtes pas dégoûté d'aimer ces sourires, et je vous fais

---

1. *Lettres de madame de Rémusat*, t. 1er, p. 166.
2. *Ibid.*, t. 1er, p. 179.

compliment, si vous en avez quelques-uns. »

Enfin l'idole est par terre, madame de Rémusat affirme alors dans ses *Mémoires* qu'elle a désiré ardemment le retour du roi : « Il me serait impossible de peindre la bonne foi désintéressée avec laquelle j'ai souhaité le retour du roi[2]. »

Voici les *Lettres* :

« On se félicite des succès de l'Empereur, dont, en vérité pourtant, on n'a pas douté; puissent-ils hâter son retour ! Je dis comme notre amie, madame de Sévigné, du fond du cœur : Que Dieu le conserve[3] !... » — « Le cœur se serre quand on mesure la terrible distance où il est de nous en ce moment. Dieu l'accompagne, voilà ma prière ordinaire, et nous le conserve[4] ! »

1. *Lettres de madame de Rémusat*, t. Ier, p. 38.
2. *Mémoires de madame de Rémusat*, t. Ier, p. 165.
3. *Lettres de madame de Rémusat*, t. Ier, p. 321.
4. *Ibid.* (9 novembre 1806), t. II, p. 67.

Après de telles citations, il est, je pense, inutile d'insister ; la contradiction est criante. Les *Mémoires*, écrits de souvenirs, en pleine passion royaliste, dans les premières ferveurs de la Restauration ; la correspondance, écrite au jour le jour sous l'impression des événements qu'elle raconte : d'un côté l'implacable amertume, de l'autre les exaltations adulatrices. Une telle opposition d'hostilité et d'enthousiasme provoque un jugement sévère. Quelle peut être la valeur morale d'un écrivain capable de tels oublis, de telles ingratitudes !

Mais cette mobilité d'esprit, cette inconstance du cœur, ne saurait être uniquement le résultat des calculs d'une ambition qui suit la fortune. Non, d'autres sentiments ont pu agir encore sur l'esprit de madame de Rémusat.

Mère ambitieuse, elle a aimé son fils avec passion. Elle avait cru qu'elle pourrait être la conseillère et la confidente de l'Empereur ! La désillusion venue, son affection a changé de voie. Elle explique sans doute dans une large mesure le royalisme soudain qui a inspiré les *Mémoires*. M. Charles de Rémusat convient lui-même qu'on a *beaucoup glosé*. De ce fils, elle avait rêvé tout d'abord de faire le Plutarque du nouveau César : « Ton fils, écrit-elle à son mari, s'est avisé de me questionner sur la Révolution, et surtout sur l'Empereur. Je lui ai conté la campagne d'Italie, celle d'Égypte, le retour en France, les guerres et les succès qui ont suivi. Cela l'intéressait beaucoup, et quand j'ai eu fini : Maman, m'a-t-il dit, c'est une vie de Plutarque que tout cela ! Je l'ai engagé à travailler assez pour pouvoir l'écrire, quand il serait grand, et cette idée lui a souri[1]. »

---

1. *Lettres de madame de Rémusat*, t. II, p. 35.

Mais, quand le jeune homme a été en âge d'écrire, la statue de César avait été brisée. Plus n'était besoin d'un Plutarque. Madame de Rémusat vit alors que le nouvel ordre des choses pouvait assurer à son fils une bonne situation. Elle s'appliqua à en faire un royaliste de l'école libérale. On connaîtrait mal cette mère, si on ne lisait pas avec soin la lettre dans laquelle, en le grondant de la sévérité imprudente avec laquelle il jugeait le pamphlet de M. de Chateaubriand (*Bonaparte et les Bourbons*), elle lui donne, sur les calculs qui doivent régler sa conduite, une leçon que ne désavouerait pas lord Chesterfield : « Je n'aime point que, sur un extrait d'un ouvrage que vous n'avez pas lu, vous disiez d'un homme, qui tient à une famille respectable et qui porte un nom vénéré en France, qu'il est *dans la boue*. Le livre de M. de Chateaubriand paraît aujourd'hui ; vous verrez qu'il avait été fait pour aider le mouvement de réaction qui vient de se faire. Hier, avant de l'avoir ouvert, j'ai entendu plusieurs personnes en parler. En général, il réussit parce qu'il apparaît comme un cri d'indignation. Je vous recommande à votre retour ici d'être fort circonspect dans ce que vous en direz. Parlez avec moi franchement, mon enfant, mais prenez garde aux paroles qui vous échappent devant les autres. Quant au livre de M. de Chateaubriand, je vous l'envoie pour vous prouver qu'il n'est pas un pamphlet... malheureusement il ne renferme pas une exagération par rapport à l'Empereur... je mettrais mon nom à chacune des pages de ce livre s'il en était besoin pour attester qu'il est un tableau fidèle de tout ce dont j'ai été témoin... Nous vous expliquerons comment, respectant la pureté de votre jeunesse, nous avions soin de vous bander les yeux sur mille choses qu'il était bon que vous ignorassiez. Destiné à le servir comme vous l'étiez, vous deviez être abusé sur son compte... Depuis trois mois, votre père et moi nous appelons de tous nos vœux la réaction qui vient d'avoir lieu... Songez à vous attirer, dans ce moment, la bienveillance publique... Soyez prudent et réservé dans vos paroles parce qu'il est important à présent de prendre garde à se faire des ennemis, ou à se créer des haines[1]. »

Un fils ainsi préparé devait reprendre sur sa mère l'influence qu'elle avait exercée sur lui. Les *Mémoires* sont le produit de cette association d'idées et d'intérêts. Ils ont été dictés par la haine et sont indignes de foi.

En résumé, madame de Rémusat a éprouvé pour l'Empereur un sentiment dont l'exaltation a pu être calomniée, mais dont les désenchantements entrent pour beaucoup dans

---

1. *Correspondance de M. de Rémusat*, t. Ier, 2-3-4-5-6 avril 1814.

sa trahison. Elle a espéré par ce charme de l'esprit, auquel Napoléon s'était montré sensible, exercer une influence durable et profitable; elle a rêvé d'être pour lui une amie ardente, une Égérie. Le rêve se trahit aussi bien par ses enthousiasmes pour le héros, que par ses regrets de voir le rôle effacé que les femmes jouent auprès de l'Empereur.

Un mot découvre le secret de son âme :

« Peut-être, écrit-elle, l'Empereur eût-il valu davantage, s'il eût été plus, et surtout mieux aimé[1]. »

Cet amour, n'a-t-elle pas essayé de l'inspirer? Les *Mémoires* se chargent de répondre à cette demande indiscrète.

Madame de Rémusat s'était méprise sur la nature de Napoléon. Dominé par la grandeur de ses desseins, il échappait à l'in-

---

1. *Mémoires de madame de Rémusat*, t. Ier, p. 144.

fluence des femmes. Cette indifférence devait lui valoir plus d'une inimitié.

Madame de Rémusat se juge bien, quand elle s'applique ce vers :

Ah, je l'ai trop aimé, pour ne le point haïr!

L'ABBÉ DE PRADT

« Misérable coquin ! » voilà le cri arraché à Napoléon par la lecture de l'*Histoire de l'ambassade dans le grand-duché de Varsovie.*

Est-ce bien ce que valait le livre? Est-ce bien ce que valait l'abbé de Pradt? C'est ce que je veux rechercher.

En 1817, Napoléon reçut à Sainte-Hélène l'ouvrage de l'abbé de Pradt et l'annota. Les mots que je viens de citer se trouvent textuellement dans l'exemplaire que j'ai entre les mains, et qui m'a été remis avec l'attestation suivante par le général Gourgaud qui avait quitté Sainte-Hélène en 1818 :

« Les notes que j'ai écrites en marge avec la plus scrupuleuse exactitude sont la copie textuelle de notes faites par l'Empereur et écrites de premier mouvement et de sa propre main, lorsqu'il a lu cet ouvrage à Sainte-Hélène. L'exemplaire de l'Empereur avec les notes autographes est dans mes mains et serait au besoin communiqué, si l'authenticité de la copie des notes pouvait être mise en doute.

» Le général GOURGAUD.

» Fait à Paris, le 29 mai 1821. »

L'abbé de Pradt, né en 1759 d'une famille bourgeoise de l'Auvergne, est le modèle accompli d'un type heureusement disparu. Il a été le dernier, en France, de ces abbés politiques, célèbres par leur esprit d'intrigue, généralement dénués de tout scrupule, et honorant rarement, par leurs vertus, le sacerdoce dont ils n'avaient que l'habit.

Le nom de son père était Dufour; il préféra celui de sa mère, parente éloignée des La Rochefoucauld.

Député à l'Assemblée Constituante en 1789, il prit la défense de l'ancien régime, vota contre la réunion des trois ordres, suivit la direction de l'abbé Maury, et finalement émigra. Il se rendit à Bruxelles d'abord, ensuite à Hambourg, le principal foyer des intrigues royalistes.

Au moment où il allait revenir de l'étranger, à l'époque du Consulat, l'abbé de Pradt écrivait à Louis XVIII qu'il rentrait en France pour mieux servir ses intérêts. C'était une manière de ménager l'avenir, mais on le voit aussitôt briguer la faveur du gouvernement nouveau.

Grâce à la protection de Duroc, l'ancien émigré se fit attacher comme aumônier à la personne de l'Empereur en 1804 : « J'ai passé près de dix ans auprès de lui, dit-il; j'avais désiré me rapprocher de l'homme qui, de nos jours, remuait l'univers, comme au temps de César ou de Tamerlan; j'eusse voulu approcher des personnages qui donnaient au monde une face nouvelle. Je l'ai observé avec attention, j'ai toujours regretté les distractions de ceux qui l'entouraient et qui feront éprouver de grandes pertes à l'histoire[1]. »

L'abbé de Pradt écrit ces choses en 1815. Il veut faire croire à Louis XVIII que c'est *par curiosité* qu'il s'est fait placer auprès de l'Empereur. Est-ce le même sentiment de cu-

---

1. *Histoire de l'ambassade de Pologne*, par l'abbé de Pradt, préface, p. III.

riosité qui lui fait accepter, en 1806, l'évêché de Poitiers, puis l'archevêché de Malines, et successivement des gratifications de 40 à 50 000 francs? Curiosité lucrative assurément et qui ne satisfait pas sa cupidité, car il écrit, en 1815, que l'Empereur « n'a jamais songé à s'informer qu'il avait une famille et des besoins ».

Il suivit l'Empereur à Milan. C'est lui qui officia dans la cérémonie de son couronnement comme roi d'Italie. Il l'accompagna ensuite à Bayonne, où il fut étroitement mêlé aux affaires d'Espagne.

Envoyé auprès du pape à Savone, il s'acquitta maladroitement de sa mission. Sa conduite, dans les questions religieuses, fut toujours une suite de contradictions et de mensonges. L'abbé de Pradt n'a-t-il pas affirmé que Napoléon lui avait dit : « La plus grande faute de mon règne fut d'avoir fait le concordat! » L'Empereur l'a formellement nié, « Il ne s'est jamais repenti, a-t-il dit, d'avoir fait le concordat de 1801, et tous les propos qu'on lui prête, à cette occasion, sont faux. Le concordat était nécessaire à la religion, à la république, au gouvernement[1]. »

Choisi en 1812 pour les délicates fonctions d'ambassadeur en Pologne, de Pradt y tint une conduite que j'apprécierai tout à l'heure.

La Restauration, dès ses premiers jours, éleva à un poste éminent l'ancien ambassadeur de Napoléon. L'abbé de Pradt fut nommé grand chancelier de la Légion d'honneur, récompense naturelle de sa conduite si honorable pendant la mission en Pologne.

Traître à Louis XVIII comme à Napoléon, l'abbé de Pradt, après le retour de l'île d'Elbe, alla présenter ses hommages à l'Empereur. Il fut reçu froidement : Napo-

---

1. *Les quatre concordats*, de l'abbé de Pradt, t. II, p. 10 et 11. *Correspondance de Napoléon I*er, t. XXX, p. 638.

léon pensait déjà de lui ce qu'il devait dire plus tard à O'Meara : « De Pradt mérite qu'on lui donne le nom d'une fille de joie, qui prête son corps à tout le monde pour de l'argent[1]. »

Mais la Restauration est aux prises avec l'opinion. Nous assistons alors à une nouvelle incarnation de l'abbé de Pradt ; il devient député de l'opposition, siège sur les bancs des libéraux et, déçu probablement dans ses espérances ambitieuses, se mêle aux adversaires de la Restauration qu'il avait acclamée. Cette dernière palinodie lui attira le mépris de tous.

Quel sentiment de dégoût dut s'emparer de Napoléon à la lecture d'un livre qui débute ainsi : « L'Empereur a été surpris, laissant du plus profond d'une noire rêverie échapper ces paroles mémorables : *Un*

---

1. *Mémoires d'O'Meara*, reproduits par Damas Hinard (*Opinions et jugements de Napoléon*, t. II, p. 331).

homme de moins et j'étais maître du monde. Quel est donc cet homme, qui participant en quelque sorte du pouvoir de la divinité, a pu dire à ce moment : *Non ibis amplius?* Cet homme, c'était moi[1] ! »

Après le dégoût, une telle infatuation ne pouvait provoquer que le sourire de l'Empereur. Aussi, sur l'exemplaire que je possède, a-t-il ajouté gaiement : « Ah, monsieur l'abbé ! » Il disait aussi à las Cases : « C'est un bien méchant ouvrage contre moi, un véritable libelle dans lequel il m'accable de torts, d'injures, de calomnies, mais soit que j'aie été bien disposé, soit qu'il n'y ait comme on dit que la vérité qui blesse, il n'a fait que me faire rire, il m'a vraiment amusé... Dans sa première page, ajoute Las Cases, il se donne pour le seul homme qui ait arrêté Napoléon dans sa course. Dans la dernière,

---

1. *Histoire de l'ambassade de Pologne*, par l'abbé de Pradt, p. 1.

il laisse voir que l'Empereur à son passage, au retour de Moscou, le chassa de son ambassade, ce qui est vrai, et c'est ce que son amour-propre cherche à défigurer ou a venger; voilà tout l'ouvrage[1]. »

Cette ridicule vanité qui ne consent jamais à avouer ses torts, malgré les échecs évidents d'une diplomatie inepte ou infidèle, amène M. de Pradt à se mettre constamment en scène. Il dédaigne la vérité, il défigure les paroles de son souverain ou il les invente.

Le même mélange de frivolité et de pédantisme conduit l'archevêque de Malines à prêter à Napoléon une précipitation irréfléchie. La pensée de l'Empereur, dit-il, « devient une passion en naissant[2] », et l'ambassadeur malheureux cherchant une excuse dans la mobi-

---

1. *Napoléon, ses opinions, ses jugements*, par Damas Hinard, t. II, p. 331.
2. *Histoire de l'ambassade de Pologne*, par l'abbé de Pradt, p. 96.

lité de l'esprit de son chef : « Chez Napoléon, dit-il, les plus grandes affaires prennent la teinte de fantaisies. Il lui est échappé de dire en parlant de l'affaire de Pologne : « C'était un caprice[1]. » Pour lui, Napoléon n'est pas seulement capricieux et fantasque, c'est un esprit faux, « il pousse ses aberrations à l'infini, en s'écartant à l'infini d'un premier point de départ qui est faux[2] ».

Il prête à Napoléon ces ridicules paroles : « Dans cinq ans, je serai le maître du monde, il ne reste que la Russie, mais je l'écraserai. Paris ira jusqu'à Saint-Cloud[3] ! » — « Faux et absurde ! » écrit Napoléon en marge. N'est-il pas visible en effet que si l'abbé de Pradt écrit à chaque page d'un livre publié en 1815, pour plaire à la Restauration : *Na-*

---

1. *Histoire de l'ambassade de Pologne,* par l'abbé de Pradt, p. 96.
2. *Ibid.*, p. 94.
3. *Ibid.*, p. 24.

poléon voulait être le maître du monde, c'est pour pouvoir ajouter : « Un homme l'en a empêché, c'est moi ! »

Du reste, M. de Pradt se contredit à plaisir. Après avoir fait dire à l'Empereur : « Paris ira jusqu'à Saint-Cloud, » il écrit quelques pages plus bas : « L'Empereur a Paris en horreur[1]. » — L'Empereur nous a lui-même fait connaître ses sentiments sur la grande ville : « Ma confiance particulière dans toutes les classes du peuple et de la capitale n'a point de bornes, disait-il en l'an IX. Si j'éprouvais le besoin d'un asile, c'est au milieu de Paris que je viendrais le chercher[2]. » — « Je veux que vous sachiez, disait-il encore, en 1804, à la municipalité de Paris, que dans les batailles, dans les plus grands périls, sur les mers, au milieu des

---

1. *Histoire de l'ambassade de Pologne*, par l'abbé de Pradt, p. 45.
2. *Le Consulat*, par Thibeaudeau, t. II, p. 17.

déserts même, j'ai toujours eu en vue l'opinion de *cette grande capitale de l'Europe,* après toutefois le suffrage, tout-puissant sur mon cœur, de la postérité[1]. »

Dédaigneux de toute vraisemblance et mesurant l'Empereur à sa taille, il le peint à Varsovie, après la retraite de Russie, parlant des revers de la fortune comme un acteur qui n'a pas réussi dans son rôle. Il met dans sa bouche le mot bien connu : « Du sublime au ridicule il n'y a qu'un pas. » Cynique invention de ce pasquin dont l'esprit resta fermé à toute grandeur et pour qui la vie ne fut qu'une comédie et une intrigue.

On voit bien que de Pradt écrivait en 1815 et que Napoléon n'était plus là, pour qu'il osât parler de lui avec une telle impudence.

En servant l'Empire, l'abbé de Pradt était

---

1. *Moniteur du 26 frimaire* an XIII (17 décembre 1804).

resté un émigré. Lorsqu'il employait de pareils hommes, l'Empereur, il faut en convenir, avait poussé à l'excès la confiance et la générosité. Qu'on lise la honteuse page dans laquelle le ministre de Napoléon célébra le triomphe de la coalition, et la chute de la nation française en 1815 : « Le soleil de la justice s'est enfin levé sur cet ouvrage d'iniquité, et il a péri. Une coalition que, pendant vingt ans, tous les partis, tous les politiques s'accordaient à proclamer impossible est à la fin sortie du désespoir des peuples et des salutaires frayeurs des souverains... la vertu a fait le ciment de cette union inespérée... Elle eût péri cent fois si elle n'avait eu d'autres liens que ceux de la politique... mais elle avait pour principe la générosité, la magnanimité, la sollicitude du genre humain... L'univers consolé, respirant de ses longs malheurs, n'en craignant plus le retour, élèvera aux princes qui ont fait triompher la politique morale et généreuse, un monument au pied duquel frémira le machiavélisme enchaîné¹! »

J'ai dit que j'apprécierais le rôle joué en Pologne par l'abbé de Pradt au moment de la guerre de 1812. Ce rôle fut néfaste : pourtant de Pradt se vante quand il affirme qu'il a été la seule cause du désastre de Napoléon. L'hiver de Russie a plus contribué que l'incapacité de l'ambassadeur en Pologne à la ruine de l'armée française. Toutefois sa prétention cynique se base sur des motifs sérieux. Oui, la mission de Pradt en Pologne a été l'une des causes, sinon la principale, des malheurs de la France. Voici, d'après M. de Pradt, les instructions que, dans son audience de congé, Napoléon lui donnait à Dresde le 24 mai 1812 :

---

1. *Histoire de l'ambassade de Pologne*, par l'abbé de Pradt, préface, p. 20, 21, 22.

« Allez, faites, je vous essaie; vous pensez bien que ce n'est pas pour dire la messe que je vous ai fait venir. Il faut tenir un état immense... Soignez les femmes, c'est essentiel dans ce pays. Dans quinze jours, on a des cuisiniers. Pour moi je vais battre les Russes... Je vais à Moscou, une ou deux batailles en feront la façon, l'empereur Alexandre se mettra à genoux; je brûlerai Toula; voilà la Russie désarmée. On m'y attend, Moscou est le cœur de l'empire. D'ailleurs je ferai la guerre avec du sang polonais. Je laisserai cinquante mille Français en Pologne; je fais de Dantzig un Gibraltar; je donnerai cinquante millions de subsides par an aux Polonais; ils n'ont pas d'argent; je suis assez riche pour cela. Sans la Russie, le système continental est une bêtise. L'Espagne me coûte bien cher; sans elle, je serais le maître de l'Europe. Quand cela sera fait, mon fils n'aura qu'à s'y tenir, il ne faudra pas être bien fin pour cela[1]. »

« Faux ! écrit encore l'Empereur en marge de la page qui contient ce passage, jamais prince n'a tenu de pareils discours. »

Et en effet voici le texte exact des instructions dictées par l'Empereur à son secrétaire le Baron Fain : « Si j'entre en Russie, j'irai peut-être jusqu'à Moscou. Une ou deux batailles m'en ouvriront la route. Moscou est la véritable capitale de l'empire ; arrivé là, j'y dois trouver la paix. Je crois donc qu'il me suffira d'une campagne; mais si la guerre traînait en longueur, ce serait aux Polonais à faire le reste. Je leur laisserai cinquante mille Français, et un subside de cinquante millions, pour les 'der. Tel est mon plan; vous voilà bien instruit, agissez en conséquence, votre premier soin doit être d'obtenir un grand élan ; il faut ensuite que ce mouve-

---

[1]. *Histc e de l'ambassade de Pologne*, par l'abbé de Pradt, p. 55, 56, 57.

ment soit soutenu par les efforts les plus obstinés, et je compte sur vous pour diriger le zèle et la bonne volonté de ces braves gens[1]. »

On peut saisir par là le procédé de falsification de cet abbé bel esprit. Sous sa plume vaniteuse et perfide, les paroles et les actes se transforment. La vérité est ce qui l'inquiète le moins.

Napoléon, au moment où il commença la campagne de Russie, comptait sur l'aide de la Pologne. L'enthousiasme était immense parmi les Polonais. Il fallait régulariser et rganiser cet enthousiasme. L'abbé de Pradt avait un grand renom d'habileté. Il aurait dû être le légat de l'Empire auprès du grand-duché de Varsovie, pendant que l'armée française, prenant une vigoureuse offensive, se serait avancée dans l'intérieur de la Russie.

Voici, sur l'attitude de l'ambassadeur, le

---

1. *Manuscrit* de 1812, par le baron Fain, t. Ier, p. 75.

jugement que porte Napoléon à Sainte-Hélène : « L'abbé de Pradt n'avait atteint à Varsovie aucun des buts qu'on se proposait ; il avait au contraire fait beaucoup de mal. Les bruits contre lui étaient accourus en foule au-devant de moi. Les auditeurs de son ambassade, les jeunes mêmes, avaient été choqués de sa tenue, et furent jusqu'à l'accuser d'intelligences avec l'ennemi, *ce que je fus loin de croire*[1]. »

Quand Napoléon écrivait ces lignes, il n'avait pas lu le libelle de M. de Pradt. Dès qu'il l'eut entre les mains, sur la page même où ce diplomate félon cherche à expliquer la stupeur dans laquelle la nation polonaise resta plongée pendant toute la campagne de Russie, l'Empereur écrivait en marge : « Voilà la trahison de ce misérable ! » et quand plus loin, l'abbé de Pradt prétend que les Polo-

---

1. *Mémorial de Sainte-Hélène.* Damas-Hinard. *Napoléon, ses opinions, ses jugements*, t. II, p. 331.

nais se confondaient en « bénédictions » vis-à-vis du gouvernement prussien, n'élevaient aucune plainte contre celui des Russes et ne faisaient aucun effort pour reconquérir leur indépendance, Napoléon ajoute : *Ils ont fait ces efforts, quand ce misérable a été chassé de Varsovie et que tout paraissait perdu* ¹ *!*

Dans le récit qu'a fait de Pradt de la manière dont l'Empereur se sépara de lui à Varsovie, l'abbé se donne le beau rôle. Malheureusement pour lui, son successeur à l'ambassade de Varsovie, M. Bignon, qui ne l'avait pas quitté pendant la guerre, dont le patriotisme et l'énergie forment un saisissant contraste avec la faiblesse de M. de Pradt, s'est chargé de faire connaître la vérité. « En opposition avec ce récit fabriqué

---

1. Annotation manuscrite de l'Empereur sur l'*Histoire de l'ambassade de Pologne*, par l'abbé de Pradt, p. 136.

et arrangé en 1815 par M. de Pradt, en présence de l'occupation étrangère, dit M. Bignon, il existe un document d'une meilleure date, qui lui a d'avance donné le plus formel démenti. Ce document, c'est la lettre même par laquelle l'empereur Napoléon prescrit à son ministre des affaires étrangères de rappeler son ambassadeur à Varsovie, lettre portant la date du 11 décembre 1812, c'est-à-dire du lendemain du jour où avait eu lieu la conversation dont M. de Pradt a fait un si odieux travestissement. Ce n'était pas comme M. de Pradt, pour flatter des passions ennemies qu'écrivait Napoléon ; c'était dans l'intérêt de son service, et le ton de sa lettre constate assez la sincérité de sa conviction : « J'ai été, écrit-il, on ne peut plus étonné de tous les ridicules propos que m'a tenus l'abbé de Pradt, pendant une heure ; *je ne le lui ai pas fait sentir.* Il paraît qu'il n'a rien de ce qu'il faut pour la place qu'il remplit. Cet abbé n'a que l'esprit des livres. Vous pouvez le rappeler tout de suite, ou à notre arrivée à Paris, en l'envoyant dans son diocèse [1]. »

Les lettres de rappel de l'étrange ambassadeur furent rapidement expédiées, mais pas assez pour que l'abbé de Pradt n'ait eu le temps de semer dans le cœur des Polonais les plus perfides suggestions. Suivant son propre récit, il cherche avec quelques-uns d'entre eux, à quels nouveaux maîtres ils doivent se livrer. Loin de travailler à les retenir dans l'alliance française, il leur laisse pleine liberté d'action, il leur donne carte blanche[2], et leur dit : Tout est fini, pensez à vous. De Pradt les pousse dans les bras

---

1. *Histoire de la France sous Napoléon*, par Bignon, t. XI, p. 173, et *Correspondance de Napoléon I*er*, t. XXIV, p. 394, pièce n° 19.384.

2. *Histoire de l'ambassade de Pologne*, par l'abbé de Pradt, p. 228.

de la Prusse, l'ennemie la plus implacable de la France. Le nombre des Polonais qui suivirent ce conseil déloyal ne fut pas grand, et l'armée de Poniatowski alla rejoindre presque tout entière l'Empereur en Allemagne.

Mais que dire de l'ambassadeur infidèle qui jette le cri de sauve-qui-peut? Que dire du prêtre qui, pour masquer sa défection, outrage le prince dont, pendant dix ans, il a sollicité les faveurs?

A la lecture de ces calomnies et de ces plates vantardises, qui ne comprend que Napoléon, le cœur gonflé d'amertume, ait laissé tomber les paroles sévères que j'ai citées en commençant, et qui résument toute la physionomie de l'abbé de Pradt :

« Misérable coquin! »

MIOT DE MÉLITO

Je ne sais pourquoi M. Taine a mis si souvent les *Mémoires du comte Miot de Mélito* à contribution. Cet ouvrage n'émane pas directement de M. Miot; il a été publié en 1858, bien des années après sa mort, par son beau-fils M. de Fleischmann, général allemand très hostile à Napoléon et qui s est peut-être laissé dominer par le souvenir de sa conduite en 1813. Depuis, ce général a été ministre du roi de Wurtemberg, auprès du roi Louis-Philippe, et c'est pendant son séjour à Paris qu'il a préparé cette publication. Des lettres ont été échangées à ce sujet entre le général de Fleischmann et moi, dans la *Revue des Deux-Mondes* du 1ᵉʳ juillet 1867. Le fait seul que ces *Mémoires* émanent indirectement d'un officier allemand, adversaire notoire de la mémoire de Napoléon, diminue singulièrement leur valeur historique.

J'aurais pu n'en rien dire ou me borner, tout au moins, à montrer le soin perfide avec lequel M. Taine, toujours fidèle à sa méthode qui consiste à grouper avec partialité des autorités suspectes, a trié prudemment les passages qui lui convenaient, sans tenir compte de l'ensemble du livre où l'on trouve autant d'éloges que de critiques sur Napoléon.

Je désire montrer ce que M. Taine fait des ouvrages qu'il cite, et combien les impressions, que cette lecture laisse, s'accordent mal avec les jugements qu'il essaie d'en tirer. Et puis, si le livre n'a pas grande valeur, l'homme est, à bien des titres, intéressant à interroger.

Voyons d'abord ce qu'était l'homme.

Miot était un contemporain de Napoléon, il rapporte ce qu'il a vu, mais il a très peu connu l'Empereur, et ne l'a approché que rarement; c'était un ami ou plutôt un courtisan de Joseph, et l'on sait combien, dans les affaires d'Espagne, vu les embarras de sa position, Joseph a eu de difficultés avec l'Empereur.

Vrai type de fonctionnaire, esprit subalterne toujours dominé par son intérêt personnel, Miot dissimule peu ses préoccupations et se plie volontiers aux faits accomplis alors même qu'il les critique.

La partie militaire, dans ces mémoires, est nulle; à peine quelques données générales sur la terrible guerre d'Espagne, presque rien sur la campagne de Naples.

Miot fut ministre de l'intérieur de Joseph à Naples, et son intendant de la liste civile en Espagne. Sur les recommandations pressantes de Joseph, Napoléon le nomme comte de Mélito, et ce comte de l'Empire doit être classé parmi ceux qui mordent la main qui les a nourris.

Le 14 décembre 1816, Napoléon, avec cet esprit d'observation qu'il avait au plus haut point, dit à O'Meara, en parlant du frère de Miot, qui avait écrit, sous l'Empire, l'histoire de l'expédition d'Égypte : « Il prétend que je lui ai fait des menaces à cause de son livre; cela est faux. J'ai dit une fois à son frère qu'il eût aussi bien fait de ne pas publier des mensonges. C'était un homme qui avait toujours peur[1]. » Ce jugement pour-

---

1. *Correspondance de Napoléon Ier*, t. XXXII, p. 401.

rait aussi bien s'appliquer aux deux frères.

Ce n'est pas la première fois d'ailleurs qu'on les aurait confondus.

Dans les derniers jours de l'Empire, Miot fut soupçonné de se mêler aux intrigues royalistes avec plus d'ardeur que ne le comportait sa prudence ordinaire. Il s'en défend dans ses *Mémoires* en expliquant qu'on l'a pris pour son frère; mais combien ce qu'il dit de celui-ci nous sert à juger les félonies de ce temps là !

« En 1814, écrit-il, Talleyrand trouvait l'occasion de se venger trop belle pour ne pas en profiter... M. de Jaucourt, étroitement lié avec M. de Talleyrand, et qui faisait exactement son service auprès du roi Joseph au Luxembourg, était l'émissaire du prince de Bénévent. Mon frère, le colonel Miot, écuyer du roi Joseph, était au Luxembourg, et il arrivait fréquemment que M. de Jaucourt lui écrivait pour savoir la vérité.

Mon frère répondait à ses billets... c'est de cette manière que mon nom se trouva prononcé dans le comité royaliste, à l'appui des renseignements que M. de Jaucourt y apportait. De cette coïncidence de nom, l'espion subalterne, qui rendait compte à la police de ce qui se passait au comité, avait conclu que c'était de moi dont il était question, et m'avait associé dans ses rapports à cette coupable intelligence[1]. »

Si Miot se défend de toute participation à ces intrigues de police, il ne dissimule pas ses sentiments royalistes, dans ses mémoires qu'il écrit après la chute de l'Empire, et dans lesquels il affecte un dévouement pour les Bourbons que tout son passé dément : « Dès que la question se bornera, dit-il, à prononcer entre la famille des Bourbons et celle de Bonaparte, il n'y aura aucune hésitation,

---

[1]. *Mémoires de Miot de Mélito*, t. III, p. 313-314.

aucun doute dans l'opinion nationale[1]. »
Cette prophétie est datée d'avant 1841; il
faut avouer que Miot était mauvais prophète,
car quelques années après, en 1848, la France
devait lui infliger un éclatant démenti.

Voici l'homme jugé par lui-même : fonctionnaire en Espagne, il pense « que le mieux eût été d'abandonner l'entreprise, mais une telle idée, dit-il, n'était pas proposable en ce moment, il ne me restait donc qu'à me résigner[2]... » Et il se résigne, en effet, à garder sa place. Plus loin, parlant de la distribution des *libramientos :* « J'eus part à cette distribution, dit-il, mais, comme je croyais devoir employer la somme qui m'échut en partage à des acquisitions de domaines nationaux, et que ces derniers furent confisqués après le retour du roi Ferdinand, cette fortune passagère s'éva-

1. *Mémoires de Miot de Mélito,* t. II, p. 60.
2. *Ibid.,* t. III, p. 16.

nouit[1]. » — On voit que, si Miot critiquait quelquefois les faits accomplis, il ne dédaignait pas d'en tirer profit.

Quand il revint, en 1814, à Paris, qu'il avait quitté depuis 1806, son titre de comte de Mélito le préoccupe par-dessus tout ; il obtient de Joseph une lettre à Napoléon pour la reconnaissance de ce titre[2], et il ajoute : « Je ne puis me pardonner à moi-même cette faiblesse[3]. »

Après l'abdication de l'Empereur, en avril 1814, la fidélité de Miot n'est pas de longue durée : « Dégagé par cette abdication des serments que les conseillers d'État avaient prêtés, ils donnèrent leur adhésion au changement qui venait de s'opérer, et je fus de ceux qui signèrent cet acte[4]. »

---

1. *Mémoires de Miot de Mélito*, t. III, p. 169.
2. *Ibid.*, t. III, p. 287.
3. *Ibid.*, t. III, p. 291.
4. *Ibid.*, t. III, p. 371.

Mais Napoléon revient de l'île d'Elbe :
« Je n'ai rien de particulier à dire de ce
retour, écrit Miot, si ce n'est qu'il m'affligea
profondément¹. » Et immédiatement après :
« Je ne pouvais me refuser à rentrer dans
le conseil d'État, d'où le roi m'avait exclu et
où l'Empereur me rappelait. J'obéis donc
quoique à regret². »

Voilà bien le caractère du comte de Mélito.
Observateur judicieux quand son intérêt personnel n'est pas en jeu, il exprime, avec
l'exactitude indifférente du fonctionnaire,
prêt à servir tous les gouvernements, les
impressions diverses et souvent contradictoires qu'il a reçues des hommes et des
choses de son temps. C'est pourquoi, au
risque de quelques digressions, je relève ses
opinions et ses indications.

Voici par exemple l'impression que lui

1. *Mémoires de Miot de Mélito*, t. III, p. 877.
2. *Ibid.*, t. III, p. 378.

laisse le général Bonaparte qu'il rencontre pour la première fois à Nice en 1796, alors que Miot était envoyé auprès du grand duc de Toscane :

« Je reconnus, dit-il, dans son style concis et plein de mouvement, quoique inégal et incorrect, dans la nature des questions qu'il m'adressait, un homme qui ne ressemblait pas aux autres. Je fus frappé de l'étendue et de la profondeur des vues militaires et politiques qu'il indiquait, et que je n'avais jamais aperçues, dans aucune des correspondances que j'avais jusque-là entretenues avec les généraux de notre armée d'Italie[1]. »

Puis, vient une appréciation exacte du rôle de l'armée d'Italie et de son chef : « Le parti de Clichy avait noué des intrigues avec Pichegru et Moreau... il n'en était pas de

---

1. *Mémoires de Miot de Mélito*, t. Ier, p. 81.

même de Bonaparte et de l'armée d'Italie, et ce fut sur eux que le parti démocratique fonda ses espérances... L'armée d'Italie se glorifiait d'être une armée toute de révolutionnaires et de citoyens; celle du Rhin passait pour une armée de messieurs, comme on l'appelait à Milan[1]. Un corps d'armée était prêt à marcher pour entrer en France, si celui que Hoche avait déjà fait avancer sur Paris n'était pas suffisant[2]. » Détail précieux, car il en résulte que Hoche était disposé à se prêter à un coup d'État.

Sur le retour d'Égypte, Miot touche un point important dans une conversation à Morfontaine, avec Joseph : « Il m'apprit qu'on avait trouvé les moyens de faire passer au général un avis sur la situation de la France, et même un ordre de revenir qu'on avait fait signer au Directoire, avec d'autres papiers,

1. *Mémoires de Miot de Mélito*, t. Ier, p. 180-181.
2. *Ibid.*, t. Ier, p. 183.

sans qu'il s'en doutât... Je ne pouvais répondre à cette confidence que par des vœux pour le succès. Je regardais en ce moment le retour de Bonaparte comme l'événement le plus heureux pour ma patrie ; lui seul me paraissait en état de la sauver[1]. »

Mais plus loin Miot donne une autre version du même fait : « Ce fut Merlin, membre du Directoire qui, le 30 prairial an VII, avait proposé de rappeler Bonaparte, alors en Égypte. L'arrêté même avait été pris sur sa proposition, mais il n'avait pas été envoyé. Ce n'est qu'une ampliation de cet arrêté que la famille parvint à se procurer, et qu'elle fit passer en Égypte[2]. »

A propos du 18 Brumaire, Miot avoue que sa première impression fut pénible ; mais, ajoute-t-il, « lorsque je reçus un courrier du général Berthier qui, venant d'être nommé

1. *Mémoires de Miot de Mélito*, t. Ier, p. 240.
2. *Ibid.*, t. Ier, p. 284.

ministre de la guerre, m'appelait auprès de lui pour remplir cette même place de secrétaire général, que le patriote Bernadotte m'avait refusée quelques mois auparavant, je me déterminai facilement à accepter cette offre¹... Le succès, lorsque j'arrivai à Paris, avait tout justifié... Ainsi, je trouvai tout ce qu'il y avait d'hommes éclairés, d'amis de leur pays, ralliés autour de Bonaparte². »

Et après Marengo : « Jamais l'orgueil national n'avait été plus flatté, dit-il, jamais plus d'espérance de bonheur n'avait pénétré dans les âmes... Pendant deux jours, Paris fut exactement dans l'ivresse... toutes les craintes disparurent et l'on ne regrettait plus d'avoir confié tant de pouvoir à un homme qui en faisait un si noble usage³. »

Miot approuve tout dans le nouveau régime

---

1. *Mémoires de Miot de Mélito*, t. Iᵉʳ, p. 258.
2. *Ibid.*, t. Iᵉʳ, p. 267.
3. *Ibid.*, t. Iᵉʳ, p. 301.

et rend pleine justice à la direction donnée aux affaires par le premier Consul. Il écrit notamment :

« Les auteurs et les acteurs des journées de Brumaire, qui se croyaient le droit exclusif aux places, furent blessés de se voir obligés de les partager avec ceux qu'ils avaient eu à combattre et qu'ils avaient vaincus[1]... Les concussions des Talleyrand, des Lucien (on voit que nous n'omettons rien), des Bourrienne, et des fripons subalternes qu'ils employaient, Bonaparte ne les ignora pas, il sut les réprimer par degré, et même les punir[2]. »

Voilà une appréciation qui a sa valeur dans la bouche d'un homme qu'on nous présente comme un adversaire de Napoléon.

Miot, qui le croirait, ne met qu'une réserve à son admiration, elle porte sur l'établissement des préfectures!

1. *Mémoires de Miot de Mélito*, t. Ier, p. 283.
2. *Ibid.*, t. Ier, p. 320.

« Cette loi, dit-il, en concentrant l'activité administrative dans les mains des préfets et sous-préfets, anéantit le fait du système républicain. La police, les finances et l'administration passèrent des délégués du peuple à des agents nommés et destituables à volonté par le gouvernement[1]. »

Je ne relève en passant cette critique singulière que parce qu'elle montre les difficultés que devait dominer l'initiative du premier consul, dans une société où, un futur conseiller d'état avait, sur les conditions du pouvoir, des idées si fausses.

Quelques détails sur la rupture du traité d'Amiens ont de l'intérêt : « Joseph insista pour la stricte exécution d'un traité qu'il avait négocié et signé[2]... Lord Windthurst avait déclaré plusieurs fois qu'il ne voulait traiter qu'avec Joseph Bonaparte, et non

---

1. *Mémoires de Miot de Mélito*, t. Ier, p. 280.
2. *Ibid.*, t. II, p. 73.

avec Talleyrand, ou ses alentours qu'on ne pouvait aborder, disait-il, que l'argent à la main[1]... Regnaud de Saint-Jean d'Angely fut chargé de proposer comme *mezzo termine* de laisser Malte entre les mains de la Russie. Cette proposition, portée le mardi, à dix heures du soir, par Malouet à l'ambassadeur, fut rejetée. Lord Windthurst déclare qu'il ne pouvait y accéder, et insiste pour la cession absolue de l'île[2]. » Témoignage important, car il constate une fois de plus que la rupture de la paix d'Amiens émane de l'Angleterre.

On nous a peint un Napoléon de fantaisie, préméditant, avec une volonté immuable, l'empire héréditaire. Or, voici, par quelle série de faits et d'idées, l'hérédité impériale a fini par s'imposer à Napoléon : « L'hérédité et les avantages qu'elle menait avec elle étaient

1. *Mémoires de Miot de Mélito*, t. II, p. 77.
2. *Ibid.*, t. II, p. 78.

dans la véritable nécessité de l'époque, et *quelque répugnance* que Bonaparte eût montrée pour ce système, il devait s'y résigner¹. » A une objection qu'on faisait, l'Empereur s'écria vivement : « Croit-il que ces changements, je les ai faits pour moi? Je les ai faits pour rentrer en Europe²... » Il disait à Joseph : « Ce système, vous le savez, n'est pas le mien; je préférerais le système impérial électif³. »

Et Miot, en rapportant cette opinion de Napoléon, est digne de foi, car il la déplore et en fait un grief à l'Empereur.

Que d'accusations le procès de Moreau n'a-t-il pas values à Napoléon! Voici comment s'exprime Miot sur cet événement : « Ayant été pour un moment initié à une partie des rapports de police, je me trouvais

---

1. *Mémoires de Miot de Mélito*, t. II, p. 162.
2. *Ibid.*, t. II, p. 217.
3. *Ibid.*, t. II, p. 242.

à même de fixer mon opinion sur toute cette affaire (Pichegru) et sur la part que Moreau y avait prise... il fut également clair pour moi que, pour les auteurs du complot, ce n'était pas assez de frapper Bonaparte, s'ils ne s'assuraient pas d'un homme pour l'intervalle entre la chute de Bonaparte et la restauration des Bourbons. Moreau, par sa haine contre Bonaparte, par l'autorité de ses victoires, par la faiblesse de son caractère et le peu de fixité de ses principes, était positivement cet homme... non cependant que je pensasse que Moreau fût entré activement dans le plan d'assassinat, mais qu'il eût concerté avec Pichegru les suites de l'événement et les moyens d'en profiter, c'est ce qui me semblait hors de doute[1]... Moreau avait été condamné : on lui accorda la permission de se rendre aux État-Unis, et, de plus, pour

---

1. *Mémoires de Miot de Mélito*, t. II, p. 142-143.

lui faciliter les moyens de s'y établir, Napoléon lui acheta sa maison de la rue d'Anjou, pour la somme de huit cent mille francs, bien supérieure à sa valeur réelle, et Napoléon en fit présent à Bernadotte qui ne se fit aucun scrupule de l'accepter. Cette somme fut payée à Moreau avant son départ pour Cadix [1]. »

Ah, le méchant homme que ce Bonaparte !

Ce que Miot raconte sur Marie-Caroline, ex-reine de Naples, est à retenir. C'est elle qui dirige les tentatives d'assassinat contre Salicetti, ministre de Joseph. Miot, alors ministre de l'intérieur, raconte qu'il a été prouvé au procès que « l'apothicaire, qui se nommait Viscardi, et son fils, agents de la reine Caroline, étaient bien les auteurs du crime [2] ». Voilà comment les Bourbons combattaient la royauté de Joseph à Naples ! En

1. *Mémoires de Miot de Mélito*, t. II, p. 203.
2. *Ibid.*, t. II, p. 353.

France ou à l'étranger, toujours des assassinats.

La lutte entre le roi Joseph et Soult en Espagne est rapportée très véridiquement par Miot. Il cite la lettre de Soult à Napoléon accusant de trahison son frère Joseph [1], et les négociations avec la junte de Cadix, après la prise de Séville. Ce sont là des faits intéressants.

A Cadix, qui était le seul point qui leur restât de la péninsule, les Espagnols hésitèrent un instant entre trois solutions : Joseph qui leur apportait une constitution et des réformes sérieuses, telles que la suppression de l'inquisition et des ordres religieux, et l'égalité civile; — Ferdinand VII, qu'ils soupçonnaient d'être un Bourbon incorrigible, comme l'événement l'a trop prouvé, dont ils ne prévoyaient pas d'ail-

1. *Mémoires de Miot de Mélito*, t. III, p. 99 et 245.

leurs la mise en liberté, et qui se confondait alors en génuflexions devant Napoléon, à qui il demandait la main de sa nièce ; — enfin, les Anglais, dont l'outrecuidance les choquait, et qui traitaient leurs armées sans considération et sans ménagements.

Cette situation était bien faite pour donner à réfléchir aux patriotes espagnols. Napoléon parle de ces négociations à Sainte-Hélène ; et M. Arguelès, qui fut le rapporteur de la constitution de Cadix en 1812, celui qu'on appelait le divin Arguelès, dans le style imagé des Espagnols, m'a personnellement confirmé ces négociations, quand je l'ai connu à Madrid, en 1840.

J'aime à me rappeler ici un souvenir personnel qui montre, sous son véritable jour, le caractère de l'entreprise de Napoléon en Espagne. C'était en 1835, je rencontrai chez mon oncle Joseph à Londres, où nous étions tous exilés, le général Mina, le célèbre chef des guérillas pendant la guerre de l'indépendance espagnole. Il était venu visiter Joseph, son ancien ennemi. Un instant il demeura seul avec mon père et moi. Je vois encore Mina se frappant le front et je l'entends dire : « C'est pourtant en combattant le brave homme que voilà, au profit de l'odieux Ferdinand VII, que j'ai acquis un peu de gloire et cru faire acte de patriote. Eh bien, aujourd'hui, proscrit comme vous, je me demande si je n'aurais pas mieux servi l'Espagne en me ralliant à la nouvelle dynastie, et en stipulant une constitution qui nous aurait tous réunis. »

Ainsi, de l'aveu d'un des plus braves et des plus ardents parmi ceux qui combattaient la France en Espagne, le résultat de l'entreprise de Napoléon dans la Péninsule, après en avoir expulsé les Anglais, ce qui fut le principal but de cette guerre, aurait été d'y faire régner la justice et le progrès.

Ah! les républicains sincères, les vrais fils de la Révolution ne s'y trompaient pas. J'en veux relever la preuve dans ce livre même où Miot cite, avec une sincérité presque inconsciente, cette belle lettre de Carnot, du 24 janvier 1814, que l'on a trop oubliée et qui doit trouver sa place, dans ces pages écrites de l'exil. Je veux la reproduire ici et la recommander à tous ceux qui ne savent pas faire le sacrifice de leurs passions à la grandeur de la patrie :

« Sire, aussi longtemps que le succès a couronné vos entreprises, je me suis abstenu d'offrir à Votre Majesté des services que je n'ai pas cru devoir lui être agréables. Aujourd'hui, Sire, que la mauvaise fortune met votre constance à une grande épreuve, je ne balance plus à vous faire l'offre des faibles moyens qui me restent ; c'est peu de chose sans doute que l'effort d'un bras sexagénaire, mais j'ai pensé que l'exemple d'un ancien soldat, dont les sentiments patriotiques sont connus, pourrait rallier à vos aigles beaucoup de gens[1]. »

A la suite de cette lettre, la défense d'Anvers fut confiée au général Carnot. Il ne rendit la place qu'après l'abdication de l'Empereur, et il répondit à Bernadotte, prince royal de Suède, alors que celui-ci voulut entamer des négociations avec lui : « J'étais l'ami du général français Bernadotte, mais je suis l'ennemi du prince étranger qui tourne ses armes contre ma patrie. »

L'Empereur sentait, en 1813, que des sacrifices territoriaux devenaient nécessaires. Le 27 novembre, il écrit à son frère : « Ma position actuelle ne me permet plus de penser à aucune domination étrangère, et je m'estimerai heureux, si je puis, par la paix, conserver le territoire de l'ancienne

---

1. *Mémoires de Miot de Mélito*, t. III, p. 315.

France [1]. » Ainsi les sentiments de Napoléon, à cette date, était modérés, clairvoyants. Ce sont ses ennemis, je l'ai déjà démontré, qui ne voulurent jamais la paix, surtout depuis qu'au mois de juin 1813, à Dresde, l'Autriche, guidée par Metternich, s'était réunie à eux.

Voilà ce qui m'a paru le plus important dans l'ouvrage de Miot. On peut voir ce qu'en a fait M. Taine.

Tout en n'attachant qu'un médiocre intérêt à son rôle personnel et à ses jugements décousus et contradictoires, je crois cependant que lorsqu'il s'agit de *faits*, qu'il a pu constater, auxquels il a été mêlé, son témoignage n'est pas dépourvu de toute valeur historique. En revanche, ce que Miot n'a pas vu, il le sait mal. Ainsi ce qu'il dit sur les rapports de Napoléon avec Lucien est inexact.

1. *Mémoires de Miot de Mélito*, t. III, p. 309.

Quand il dit qu'ils ne se sont revus qu'en 1815, il oublie l'entrevue des deux frères à Mantoue en 1805. Il se trompe également en disant que Lucien vint de Rome à Paris, après le retour de l'île d'Elbe, tandis que Lucien, prisonnier en Angleterre, s'y rendit de Londres[1].

Nouvelle erreur quand, en parlant du champ de Mai, il dit que Joseph était le seul dont le droit de succession eût été reconnu. Il oublie Louis, compris dans le même sénatus-consulte que Joseph, en 1804, et Jérôme compris dans le sénatus-consulte de 1807. Lucien seul avait été omis dans l'hérédité.

Je ne relèverai pas les inexactitudes, les citations fausses ou tronquées, ou sans indication des sources, qui fourmillent dans les emprunts faits par M. Taine aux *Mémoires du comte de Mélito*. Mais je lui signale cette

---

1 *Mémoires de Miot de Mélito*, t. III, p. 396.

conclusion de Miot, qui n'aurait pas dû échapper à un observateur aussi sagace :

« Napoléon fut jusqu'au dernier moment le roi du peuple de Paris, et parmi ce peuple l'influence de son nom a survécu même à l'existence de celui qui le portait[1]. »

1. *Mémoires de Miot de Mélito*, t. III, p. 395.

LA CORRESPONDANCE
DE NAPOLÉON Ier

La publication de la *Correspondance de Napoléon Ier* a été l'objet de nombreuses critiques. On lui a reproché d'être incomplète, et d'avoir été expurgée de parti pris. M. Taine prétend que la correspondance intégrale comprendrait environ quatre-vingt mille pièces, dont trente mille seulement ont été publiées. Vingt mille autres auraient été élaguées, comme redites, et trente mille à peu près par convenance ou par des raisons politiques. Ainsi, on n'a publié que la moitié des lettres de Napoléon à Bigot de Préameneu sur les affaires ecclésiastiques; et beaucoup de lettres omises, toutes importantes et caractéristiques, dit-on, se trouvent dans l'ouvrage *l'Église romaine et le premier Empire*, par M. d'Haussonville.

M. Taine ajoute : « En général, *disent les éditeurs*, nous avons pris pour guide cette idée très simple, que nous étions appelés à publier ce que l'Empereur aurait livré à la publicité.[1] » Le soin que met M. Taine à placer dans la bouche des éditeurs les paroles qui sont signées par moi ne saurait me blesser. C'est par convenance sans doute qu'il a omis mon nom. Peut-être s'est-il souvenu de nos anciennes relations. Quoi qu'il en soit, il m'appartient, en raison du rôle effectif

---

1. *Correspondance de Napoléon I*er, t. VI, p. 4.

que j'ai eu dans cette publication, d'en faire l'historique, et de rendre à chacun sa part de responsabilité.

A Napoléon III seul revient la pensée qu'il a puisée dans son cœur, d'élever un monument impérissable à la gloire de notre oncle en publiant sa *Correspondance*, recueil inépuisable de documents qui éclairent cette grande époque, source féconde pour tous ceux qui écriront sur l'histoire de France, de 1796 à 1815.

Napoléon avait émis un vœu à Sainte-Hélène :

« Ceux qui m'ont succédé tiennent les archives de mon administration, les archives de la police, les greffes des tribunaux. Eh bien ! qu'ont-ils publié, qu'ont-ils fait connaître ? »

Ce vœu, Napoléon III l'a réalisé.

L'œuvre était difficile et soulevait des objections; elle était sans précédent. Mettre à nu un homme, quelque grand qu'il fût, était-ce prudent? Le successeur de Napoléon I⁰ʳ a cru pouvoir l'oser et il a bien fait.

Jamais une œuvre analogue n'avait été entreprise. Quel est le gouvernement, quelle est la famille même qui, ayant eu un de ses membres mêlé aux grandes affaires du monde, voudrait prendre l'opinion publique pour confidente non seulement de ses actions, mais de ses pensées les plus intimes?

C'était une idée nouvelle et hardie. On a bien publié les œuvres de Frédéric de Prusse, mais presque tout ce qui a trait à la politique en a été supprimé; c'est un document littéraire, mais non un ensemble d'instructions politiques.

Voici la méthode qui fut suivie pour la publication de la *Correspondance*. Une commission fut nommée, elle fit rechercher toutes les lettres dans les dépôts publics de la France. Souvent les originaux manquaient : ainsi les lettres adressées aux généraux, aux fonctionnaires, etc..., avaient souvent été gardées par les destinataires; mais cette lacune était comblée par les minutes qui existaient toujours. Avec cet ordre parfait qui caractérisait Napoléon, il gardait toutes les minutes de ses lettres dictées, n'écrivant presque jamais lui-même. Qu'il écrivît de son cabinet, des pays qu'il visitait ou des champs de bataille, il trouvait toujours le moyen de garder ses minutes. Il en manque fort peu.

Le travail est complet pour ce qui concerne les dépôts publics en France.

De nombreuses circulaires furent adressées aux gouvernements étrangers et aux particuliers. Les réponses ne se firent pas attendre : elles arrivèrent avec empressement, surtout de la part du British Museum de Londres, des archives d'Autriche, de Russie, de Prusse, d'Italie, de Suède, d'Espagne. Ces administrations ont même permis aux employés français de collationner et de vérifier leurs documents. Là encore, point d'omission. Chaque pièce a été vérifiée, les dates, l'orthographe des noms ont été contrôlés, par un de nos employés, et la copie, ainsi certifiée, m'était remise, avec la plus scrupuleuse exactitude.

Pour les particuliers, la difficulté était plus grande. Un grand nombre d'entre eux ont ouvert leurs archives de famille, et autorisé la vérification des pièces, mais il est impossible d'affirmer que toutes les lettres de Napoléon aient été communiquées, car on ne pouvait exercer aucune action contre les personnes négligentes ou mal disposées. C'est ainsi que la famille de Bigot de Préameneu n'a communiqué, je crois, qu'une partie des lettres en sa possession, tandis qu'elle en a communiqué un beaucoup plus grand nombre à M. le comte d'Haussonville.

Puis-je être responsable des omissions qu'entraîne une pareille réserve ?

Ces préliminaires prirent quelque temps.

Jusqu'au seizième volume, c'est-à-dire pour la période qui s'étend depuis le siège de Toulon jusqu'au 1er septembre 1807, la méthode arrêtée pour le choix des documents ne fut pas exactement suivie par la première commission. Ce choix fut fait un peu au hasard.

Si l'on eût publié toutes les lettres, le résultat eût été fastidieux, indigeste et stérile. Par exemple, lorsque l'Empereur donnait un ordre au major-général, il en informait le ministre de la guerre, le répétait au général de division, et souvent au chef de corps. Cela faisait quatre ou cinq répétitions d'un seul ordre. De même pour les instructions aux fonctionnaires civils ; elles étaient adressées souvent, à la fois, au ministre, au préfet, à celui qu'elles concernaient. Il y avait des redites nombreuses, quelques-unes sans aucun intérêt, d'autres tout à fait intimes et pouvant parfois nuire aux destinataires ou à leurs familles.

Napoléon écrivait la plupart du temps sur un ton spécial, suivant les circonstances et suivant l'homme auquel il s'adressait : il forçait souvent sa pensée pour agir sur lui. Nous en avons des preuves certaines. Adressant un jour au maréchal Baraguey d'Hilliers une lettre fort dure, il écrit en même temps au ministre de la guerre : « J'ai vigoureusement tancé Baraguey d'Hilliers, il le méritait un peu, mais *j'ai forcé la note* pour agir sur lui. »

Il faut se rendre compte des habitudes de travail de Napoléon. Il se levait presque toutes les nuits, et il dictait en se promenant, pendant deux ou trois heures, au secrétaire de service, Bourrienne, le baron de Meneval, ou le baron Fain. A la guerre, c'étaient ses aides de camp, ou Berthier, ou le comte Daru qui écrivaient. Après son second sommeil, vers sept ou huit heures du matin, il se faisait représenter ses lettres mises au net et les signait, rarement avec des corrections.

Comment ce génie incomparable pouvait-il, en consultant peu de documents, se souvenir de l'emplacement de la dernière compagnie, de la structure des places fortes, des effectifs à un homme près et de leurs positions, des routes, du temps nécessaire pour les parcourir, et dicter d'un premier jet? C'est prodigieux, mais cela est.

Malgré la bonne volonté de la première commission, il se produisit quelque désordre et des abus incontestables. Napoléon III en fut frappé, j'en causais souvent avec lui, et il me dit un jour : « Le travail de la *Correspondance* ne me satisfait pas ; on n'applique pas bien mes intentions, veux-tu t'en charger ? » J'acceptai avec empressement, mais je fis mes conditions.

En principe, j'établis qu'héritiers de Napoléon, nous devions nous inspirer de ses désirs avant tout, et le faire paraître devant la postérité comme il aurait voulu s'y montrer lui-même. Est-il admissible que ses intentions fussent méconnues par ses héritiers ?

Voilà la préoccupation générale à laquelle j'ai obéi; mais j'affirme en conscience qu'aucune pièce éclairant l'histoire n'a été dissimulée. Quand il s'est agi de la malheureuse affaire du duc d'Enghien, on a tout publié; Napoléon Ier nous y autorisait. Il disait en effet dans une adjonction faite à son testament, à Sainte-Hélène :

« J'ai fait arrêter et juger le duc d'Enghien, parce que cela était nécessaire à la sûreté, à l'intérêt et à l'honneur du peuple français, lorsque le comte d'Artois entretenait, de son aveu, soixante assassins à Paris.

Dans une semblable circonstance, j'agirais de même. »

Ces mots furent écrits en interligne, ainsi qu'on peut le vérifier, dans l'original, aux archives nationales, après que l'Empereur eût entendu la lecture d'un article sur le duc d'Enghien, paru dans une Revue anglaise, qui attaquait outrageusement les ducs de Vicence et de Rovigo. Napoléon voulut couvrir ses généraux et assurer la responsabilité de cet acte : « C'est indigne, s'écria-t-il, apportez-moi mon testament. » Il l'ouvrit et il y ajouta les lignes que je viens de citer, dédaignant les faux-fuyants, ne parlant pas de la précipitation, indépendante de sa volonté, qui ne lui permit de connaître que trop tard le jugement du prisonnier à Vincennes, omettant jusqu'à la disposition où il était de faire grâce au malheureux prince. Ce fut un élan de générosité vis-à-vis de ses agents. Voilà pourquoi je n'ai pas hésité à publier dans la *Correspondance* tout ce qui se rapporte à ce pénible événement.

Savary, duc de Rovigo, qui a joué un grand rôle, dans l'affaire du duc d'Enghien, en parle avec détail dans ses *Mémoires* parus à la fin de la Restauration. Ces *Mémoires* ont été écrits à Malte, pendant que Savary y était prisonnier de l'Angleterre, et à Smyrne, où il se réfugia en 1816. Comme renseignements militaires, ils sont sans grande valeur, excepté pour la bataille d'Ostrolenka, livrée en 1812, pendant la guerre de Russie, et où l'auteur se couvrit de gloire. Le duc de Rovigo était doué d'un esprit fin, mais peu élevé. C'était un admirable chef de gendarmerie. Sa bête noire était Fouché, auquel il succéda comme ministre de police, mais sans le remplacer, Fouché aussi habile et aussi perfide que Savary était honnête et court. Son dévouement absolu à l'Empereur le rend souvent injuste pour tous ceux dont

Napoléon eut à se plaindre. Quoi qu'il en soit, les *Mémoires* du duc de Rovigo, en raison de son rôle historique et de sa véracité, sont un document digne d'être consulté.

Je l'ai connu personnellement en Italie, où il vint en 1830. C'était alors un homme de cinquante-six ans, très grand, chauve, aux traits énergiques. La duchesse de Rovigo, née de Faudoas, était fort belle. Ils avaient plusieurs enfants, dont quatre filles, qui les accompagnaient en Italie. L'une d'elles, Marie, qui a épousé depuis le colonel d'artillerie Serlay, était remarquablement jolie. Le duc de Rovigo passa l'été de 1830 chez mon père, dans une campagne appelée *Colle Ameno*, près d'Ancône. Je n'avais que huit ans. Mais ses longues conversations m'ont laissé un très vif souvenir.

C'est lui qui, revenant un jour d'Ancône, nous apprit la révolution de 1830 et le retour du drapeau tricolore. Je me souviens qu'à cette nouvelle, ma mère, avec un profond enthousiasme, nous prit dans ses bras, ma sœur et moi, et nous embrassa en s'écriant : « Enfin! notre exil va cesser, et vous allez être de petits Français! » C'était, hélas, une illusion. Il nous fallut attendre dix-huit ans pour redevenir Français, et notre exil ne cessa qu'à la chute du gouvernement qui s'installait en juillet 1830, et dont ma mère saluait l'avènement de cette espérance. Ces détails sur le duc de Rovigo ne m'ont pas paru déplacés à la suite de l'exposé des raisons qui ont fait insérer dans la Correspondance de l'Empereur des documents relatifs à une affaire où ce général a pris une si grande part.

La publication des lettres concernant Louis, roi de Hollande, a fourni une preuve de plus de l'esprit d'équité de Napoléon III. Il voulut que les intentions de Napoléon fussent respectées, même au détriment de son père.

Puisque j'ai été accusé d'avoir soustrait à l'histoire des documents fâcheux pour ma famille, je veux publier ici la seule lettre que, par un sentiment que tout le monde appréciera, je n'ai pas cru devoir insérer dans la *Correspondance*, sous le règne du fils de l'ancien roi de Hollande. Elle est magnifique, cette lettre, elle est grande et touchante à la fois. Dans sa gravité sévère, elle ne contient rien d'offensant ou d'injurieux pour Louis Bonaparte. La mémoire de Napoléon Ier n'a rien à y perdre. Il n'y avait donc à la dissimuler aucun intérêt politique, tout au contraire. C'est par pure déférence, et pour ne pas paraître abuser de l'abnégation de Napoléon III, qu'elle n'a pas été insérée dans la *Correspondance*.

Voici cette lettre :

A LOUIS NAPOLÉON ROI DE HOLLANDE A AMSTERDAM.

« Ostende, 20 mai 1810.

» Mon Frère, j'ai reçu votre lettre du 16 mai. Dans la situation où nous sommes, il faut toujours parler franchement. Vous savez que j'ai souvent lu de vos pièces qui n'étaient pas faites pour être mises sous mes yeux. Je connais vos plus secrètes dispositions, et tout ce que vous me direz en contradiction ne sert de rien. Il ne faut pas parler de vos sentiments, de votre enfance; l'expérience m'a appris à quoi je dois m'en tenir là-dessus.

» La Hollande est dans une situation fâcheuse, cela est vrai. Je conçois que vous désiriez en sortir; mais je suis surpris que vous vous adressiez à moi pour cela. Ce n'est pas moi qui y puis quelque chose, c'est vous et vous seul. Quand vous vous conduirez de manière à persuader aux Hollandais que vous agissez par mon inspiration, que toutes vos démarches, tous vos sentiments sont d'accord avec les miens, alors vous serez aimé et estimé, et vous acquerrez la consistance nécessaire pour reconstituer la Hollande. C'est cette illusion qui vous soutient encore un peu. Le voyage que vous avez fait à Paris, votre retour et celui de la reine et d'autres motifs raisonnés font penser à vos peuples qu'il est encore possible que vous reveniez dans mon système et dans mon esprit. Mais vous seul pouvez confirmer ces espérances et effacer jusqu'au moindre doute.

» Il n'est aucune de vos actions que vos gros Hollandais n'évaluent, comme ils évaluent une affaire de crédit et de commerce; ils savent donc à quoi s'en tenir. Lorsque être l'ami de la France et le mien sera un titre pour être bien à votre cour, toute la Hollande s'en apercevra, toute la Hollande respirera, toute la Hollande se trouvera dans une situation naturelle. Cela dépend de vous seul. Depuis votre retour, vous n'avez rien fait pour cela. Voulez-vous savoir quel sera le résultat de votre conduite? Vos sujets se trouvant ballottés entre la France et l'Angleterre, ne sachant à quel espoir se livrer, quels souhaits former, se jetteront dans les bras de la France et demanderont à grands cris la réunion comme un refuge contre tant d'incertitudes et de bizarreries. Votre gouvernement veut être paternel, il n'est que faible. Je n'ai trouvé en Brabant, en Zélande, que l'administration la plus incohérente. En Zélande même, où tout est hollandais, on est content d'être attaché à un grand pays et de se voir arraché à une fluctuation qui était inconcevable pour ce peuple. — Pensez-vous que la lettre que vous avez fait écrire à Mollerus et l'assurance que vous lui donnez de votre affection, au moment où vous le destituez, vous donnera de la considération dans le pays? Détrompez-vous. Tout le monde sait que hors de moi il n'y a point de salut, que hors de moi il n'y a pas de crédit, que hors de moi vous n'êtes rien. Si donc l'exemple que vous avez eu sous les yeux à Paris, si la connaissance de mon caractère qui est de marcher droit à mon but, sans qu'aucune considération puisse m'arrêter, ne vous ont pas changé, ne vous ont pas éclairé, que voulez-vous que j'y fasse ? Ayant la navigation de la Meuse et du Rhin jusqu'à l'embouchure de ces fleuves, je puis me passer de la Hollande : la Hollande ne peut se passer de ma protection. Si, soumise à un de mes frères, attendant de moi seul son salut, elle ne trouve pas en lui mon image; si quand vous parlez ce n'est pas moi qui parle, vous détruirez toute confiance dans votre administration; vous brisez vous-même votre sceptre. Croyez que l'on ne trompe personne. Voulez-vous être dans la voie de la bonne politique? Aimez la France, aimez ma gloire; c'est l'unique manière de servir le roi de Hollande. Sous un roi, les Hollandais ont perdu les avantages d'un gouvernement libre; vous étiez donc pour eux un port. Mais ce port vous l'avez gâté de gaieté de cœur; vous l'avez parsemé de récifs. Savez-vous pourquoi vous étiez le port de la Hollande? C'est que vous étiez le pacte d'une union éternelle avec la France, le lien d'une communauté d'intérêts avec moi, et la Hollande, devenue par vous partie de mon empire, m'était aussi chère que mes provinces, puisque je lui avais donné un prince qui était presque mon fils. Si vous eussiez été ce que vous deviez être, je prendrais autant d'intérêt à la Hollande qu'à la France, sa prospérité me serait aussi à cœur que celle de la France. Et certes, en vous mettant sur le trône de Hollande, j'avais cru y placer un citoyen français aussi dévoué à la grandeur de la France et aussi jaloux que moi de ce qui intéresse la mère patrie. Si vous aviez suivi ce plan de conduite, vous seriez aujourd'hui roi de six millions de sujets.

» J'aurais considéré le trône de Hollande comme un piédestal sur lequel j'aurais étendu Hambourg, Osnabruck et une partie du nord de l'Allemagne, puisque c'eût été un noyau de peuples qui eût dépaysé davantage l'esprit allemand, ce qui est le premier but de ma politique. Bien loin de cela, vous avez suivi une route diamétralement opposée. Je me suis vu forcé de vous interdire la France et de m'emparer d'une partie de votre pays. Vous ne dites pas un mot dans vos conseils, vous ne faites pas une confidence que tout ne soit connu, ne tourne contre vous et ne vous annule; car, dans l'esprit des Hollandais, vous n'êtes pour eux qu'un Français au milieu d'eux depuis quatre ans seulement ; ils ne voient en vous que moi et l'avantage de se trouver à l'abri des voleurs et des agitateurs subalternes qui les ont fatigués depuis la conquête. Lorsque vous vous montrez mauvais Français, vous êtes moins pour eux qu'un prince d'Orange au sang duquel ils doivent le rang de nation et une longue suite de prospérités et de gloire. Il est prouvé à la Hollande que votre éloignement de la France leur a fait perdre ce qu'ils n'auraient pas perdu sous Schimmelpenninck, ni sous un prince d'Orange. Soyez d'abord Français et frère de l'Empereur, et soyez sûr que vous serez dans le chemin des intérêts de la Hollande.

» Mais pourquoi tout ceci ? Le sort en est jeté, vous êtes incorrigible. Déjà vous voulez chasser le peu de Français qui vous restent. Ce n'est ni des conseils, ni des avis, ni de l'affection qu'il faut vous montrer, mais la menace et la force. Qu'est-ce que ces prières et ces jeûnes mystérieux que vous avez ordonnés? Louis, vous ne voulez pas régner longtemps. Toutes vos actions décèlent, mieux que vos lettres intimes, les sentiments de votre âme. Ecoutez un homme qui en sait plus que vous.

» Revenez de votre fausse route. Soyez bon Français de cœur, ou votre peuple vous chassera et vous sortirez de Hollande l'objet de la risée et de la pitié des Hollandais. — C'est avec de la raison et de la politique que l'on gouverne les États, non avec une lymphe âcre et viciée.

» NAPOLÉON. »

Voilà la lettre qu'une raison de convenance, qui a cessé d'exister aujourd'hui, m'a déterminé à ne pas publier sous l'Empire. Voilà mon crime.

Toutes les autres suppressions portent, ou sur des doubles emplois, ou sur des lettres insignifiantes. M. Taine, en proie à son hostilité systématique, insinue en vain le contraire. Qu'il prouve son dire. Qu'il nomme le savant qui a si assidûment étudié la *Correspondance* et dont il invoque le témoignage? Il n'y a pas de témoin anonyme. De qui tient-il ses renseignements? Lui, si méticuleux, lui qui regarde tout à la loupe, où a-t-il vu qu'il y a trente mille pièces dans la *Correspondance*, quand il y en a seulement vingt-deux mille soixante-sept, plus quatre volumes des œuvres de Sainte-Hélène, qui ne sont pas numérotés? Où a-t-il vu qu'il y aurait environ quatre-vingt mille pièces, en tout, émanant de Napoléon, dont vingt mille encore inédites, et trente mille qui auraient été supprimées pour des raisons de convenance ou de politique?

On ne fait pas de l'histoire par conjecture et sans preuves. La haine, la haine seule peut se contenter d'insinuations, d'approximations et d'hypothèses.

Au moment où je pris la direction de la *Correspondance*, j'insistai pour modifier la composition de la commission. J'en fis éliminer deux membres importants, le maréchal Vaillant et Mérimée. Le maréchal était un homme d'esprit, mais dont les sentiments politiques ne m'inspiraient que peu de confiance. Il avait été l'aide de camp du général Haxo, qui appartenait à l'armée du Rhin, sous Moreau, et qui avait conservé les préventions de quelques officiers de cette armée. Le maréchal Vaillant avait épousé la veuve d'Haxo, et madame Vaillant, femme du ministre de la maison de l'Empereur, ne mettait jamais les pieds aux Tuileries. Heureusement la tyrannie de Napoléon III n'était pas bien dure pour ses grands officiers. J'avais eu avec le maréchal quelques scènes vives.

Il était comte romain, mais il ne s'en vantait pas, et n'aimait pas qu'on le lui rappelât. Du reste, ce n'est pas avec moi seulement que le maréchal était ainsi. Il était bourru avec tout le monde, sauf avec l'Empereur.

Pendant l'Empire, nous fûmes en dissentiment sur presque toutes les questions : siège de Rome en 1849; — guerre du Mexique; — guerre de 1870. Un jour que nous sortions ensemble des Tuileries, en juillet 1870, je l'apostrophai en lui disant : « Comment, monsieur le maréchal, pouvez-vous pousser ainsi à la guerre? Est-ce que vos connaissances militaires ne vous font pas hésiter devant une semblable entreprise? »

Il me répondit :

« Je ne sais si cette guerre est bonne ou mauvaise, mais le maître paraît la vouloir, on l'y pousse beaucoup, et après tout, voyez-vous, je veux être toujours de son avis, il me méduse! »

Mérimée était un sceptique et un cynique. Il aimait à se moquer de tout, surtout de Napoléon Ier. En voici un exemple. Une lettre de Napoléon à Fouché, de 1807, une de celles qu'on me reproche si vivement d'avoir supprimées, portait ces mots :

« Quels cancans fait-on à Paris sur l'accouchement de madame ***? On dit que l'enfant est de moi, démentez cela... » Et l'Empereur, par une boutade, démontrait qu'il ne pouvait y être pour rien. Voilà ce que M. Mérimée trouvait piquant. Il voulait absolument qu'on publiât cette lettre avec le nom. Il est parfaitement vrai que c'est moi qui y ai mis mon *veto*. De pareilles tendances d'esprit de la part d'un collaborateur à une œuvre sérieuse me révoltaient.

J'exigeai la démission de ces deux membres.

Sainte-Beuve faisait également partie de la commission. Je le connaissais beaucoup ; je savais qu'il n'aimait guère Napoléon. C'était un esprit charmant, surtout critique, et empreint de socialisme autoritaire. Je demandai à l'Empereur de réfléchir avant de l'exclure, et j'eus plusieurs longues conversations avec Sainte-Beuve sur l'œuvre que j'entreprenais. Je lui en expliquai le but, je lui dis les sentiments et l'esprit que j'y apporterais, et lui demandai loyalement s'il voulait m'aider ou me contrecarrer. Il me tendit la main : « Après tout, me dit-il, vous connaissez mieux Napoléon que moi qui ne m'en suis pas spécialement occupé; vous avez une mission à remplir, et si vous voulez de moi, je vous seconderai. » Jamais en effet nous ne fûmes en désaccord, notre amitié fut vive et durable, j'allais passer de longues heures dans son petit logement de la rue Montparnasse; je l'assistai pendant sa maladie. Je le regrettai vivement. Après sa mort, il ne fut pas remplacé à la *Correspondance*.

M. de Laborde avait sa place indiquée dans

la commission comme directeur des Archives. Il fut toujours très empressé et courtois, quoi qu'il fût un ami politique très tiède. A sa mort, il fut remplacé par M. Alfred Maury, le savant presque universel.

Amédée Thierry, historien distingué, homme de bon conseil et de rapports agréables, et le général Favé, vrai type d'officier français, affable, instruit, travailleur, bienveillant, d'un ardent patriotisme, et dont les opinions politiques se rapprochaient beaucoup des miennes, complétaient la commission.

Je suis heureux de rendre ce témoignage à mes collaborateurs.

En 1869, les événements se précipitaient. Les élections législatives témoignaient d'un grand désir de réformes à l'intérieur. En même temps, la situation fausse créée en Europe par la guerre de 1866, et l'ambition de la Prusse accumulaient les nuages à l'extérieur. J'étais inquiet, je prévoyais les crises prochaines, et je me hâtais d'achever mon œuvre. Je ne perdais pas un jour, et grâce à ce labeur, la *Correspondance* fut terminée en 1869, peu de mois avant la catastrophe.

Je rappelerai incidemment que le budget prévu, non seulement ne fut pas dépassé, mais ne fut même pas atteint, ce qui n'est guère conforme à nos habitudes administratives.

Pour donner une idée générale de la *Correspondance*, j'extrais quelques passages de mon rapport final :

« Notre œuvre est achevée : nous avons terminé la publication de la *Correspondance de l'Empereur Napoléon I*ᵉʳ *;* le trente-deuxième et dernier volume a paru...

» Le 7 septembre 1854 fut rendu le décret qui institua une commission pour la publication de la *Correspondance de Napoléon I*ʳ...

» Napoléon Ier, sa personne, ses institutions, son règne, ont été le sujet d'un nombre prodigieux de publications, livres, brochures, mémoires, tant en France qu'à l'étranger : tous ces ouvrages ont été relevés avec soin, ainsi que les journaux du temps, et l'on a cherché dans tout imprimé, se recommandant par quelque caractère sérieux, des indications pour retrouver des lettres que nous n'avions pas. Les imprimés ont ainsi offert le moyen de faire utilement de nouvelles recherches et de constater bien des inexactitudes et des dates erronées. Sauf de rares exceptions, nous nous sommes interdit de reproduire toute lettre imprimée dont nous n'avions pas retrouvé le texte primitif, la commission s'étant fait une loi de n'admettre que des documents dont elle avait eu entre les mains ou l'original ou la minute, ou une copie dûment authentique...

» Les documents recueillis n'ont pas tardé

à s'accumuler à un tel point que leur publication totale devenait impossible. En effet, Napoléon I*r* n'a pas seulement gouverné, il a dirigé par lui-même tous les détails d'une immense administration; il ne se bornait pas à donner des ordres, il en surveillait l'exécution, il en demandait compte aux agents qui en avaient la responsabilité. De là une multitude de lettres qui ne sont souvent que la répétition de celles qu'il avait antérieurement dictées; de là des lettres qui se rapportent à des détails tellement particuliers, et d'une importance si momentanée, qu'on ne saurait les considérer comme ayant une valeur historique. Contrainte de faire un choix, la commission dut écarter cette partie de la *Correspondance* d'un intérêt si secondaire, ou du moins ne conserver, de ces lettres administratives et privées, que celles qui offraient des traits de nature à donner une idée de la grandeur et de la variété de l'œuvre accomplie par Napoléon I*, de la pénétration et de la vigilance qu'il apportait dans les petites comme dans les grandes choses. Tel avait été le motif qui fit décider par la première commission, ainsi que cela est relaté dans son rapport de 1858, qu'elle n'insérerait pas dans son recueil de la *Correspondance* les écrits appartenant aux trois catégories suivantes :

» 1° Les documents qui doivent trouver place dans les œuvres complètes de Napoléon Ier;

» 2° Les lettres où se trouvent répétés les ordres déjà indiqués dans des lettres antérieures, et qui font conséquemment double emploi;

3° Les lettres ayant un caractère purement privé.

» Le 3 février 1864, une nouvelle commission, celle à laquelle nous avons l'honneur d'appartenir, fut instituée par Votre

Majesté et prit en main l'œuvre commencée. Cette commission a compris dans la *Correspondance,* comme une annexe obligée, les œuvres de Napoléon Ier à Sainte-Hélène, et, de plus, elle n'a pas cru devoir rejeter les lettres de famille ou autres d'un intérêt privé, quand il pouvait s'y trouver quelque trait caractéristique propre à mettre en relief un des côtés de cette personnalité si forte et si diverse de l'empereur Napoléon Ier. Mais tout en élargissant les limites du cadre adopté en 1858, la nouvelle commission n'a jamais perdu de vue la règle prescrite à son travail par le décret institutif de 1854, dont l'article premier porte :

» Une commission est instituée pour recueillir, coordonner et publier la *Correspondance* de notre auguste prédécesseur Napoléon Ier, *relative aux différentes branches d'intérêt public.*

» Les hommes qui s'occupent sérieusement

de l'histoire de l'Empire reconnaîtront qu'il n'est pas une phase, un moment, une nuance de l'action de Napoléon Iᵉʳ, qui n'ait dans notre recueil ses vrais témoignages; qu'il n'est pas un seul de ses témoignages, réellement important, que nous ayons omis de publier.

» Ainsi que nous le disions plus haut, les écrits de Napoléon Iᵉʳ à Sainte-Hélène nous ont paru former un complément naturel, nécessaire de sa *Correspondance* et, dans le choix que nous avons fait de ses écrits, nous nous sommes attachés à ceux dont l'authenticité était prouvée soit par une notoriété incontestable, soit par des corrections ou des notes de la main même de l'Empereur, car la commission a eu le bonheur de se procurer plusieurs de ces rares manuscrits qui font foi devant la postérité.

» En faisant paraître le XXXIIᵉ et dernier volume, la commission a dû statuer sur deux questions importantes : la première était de savoir s'il serait donné un volume de supplément, où trouveraient place quelques-unes des lettres communiquées depuis la publication des volumes dans lequels leur date aurait dû les faire insérer; la seconde, de décider s'il serait dressé une table analytique. Sur l'un et l'autre point, nous nous sommes prononcés négativement.

» Les lettres retrouvées après l'impression des volumes auxquels l'ordre chronologique les rattache sont assez nombreuses, quelques-unes d'un certain intérêt; toutefois, après les avoir attentivement examinées, nous avons pu nous convaincre qu'elles n'ajoutaient rien d'essentiel aux faits mis en lumière par les lettres déjà publiées...

» On n'est du reste jamais certain qu'un recueil comme celui-ci soit complet, car on ne peut assurer qu'on a trouvé *toutes* les lettres et que de continuelles recherches n'en fourniront pas de nouvelles, cachées jusqu'à ce jour par la volonté ou l'oubli des possesseurs.

. . . .

» Le président :

» NAPOLÉON.

» Les membres de la commission :

» Général FAVÉ,
» Alfred MAURY,
» Amédée THIERRY.

» Paris 1863. »

Je n'ai pas la prétention d'avoir fait une œuvre parfaite, mais j'affirme la bonne foi, la droiture d'esprit et la loyauté que j'y ai apportées.

Seuls, la légèreté, la mauvaise foi, l'esprit de parti peuvent aller chercher la vérité dans Bourrienne, dans madame de Rémusat, Lanfrey et tant d'autres libellistes plutôt que dans les documents authentiques, émanés de Napoléon lui-même et soumis sans réserve au jugement de l'histoire.

Je suis convaincu que la *Correspondance de Napoléon Ier* et les quatre volumes des œuvres de Sainte-Hélène sont un monument unique, et qui permettra seul de fixer la figure définitive de l'Empereur.

L'HOMME ET SON ŒUVRE

Depuis que je pense, j'étudie Napoléon. Je ne prétends pas le juger en quelques pages, mais je veux aider à faire connaître cet homme extraordinaire dont la vie, les pensées et les actes ont été l'objet de mes méditations.

Napoléon n'est point fait d'une seule pièce. Son caractère s'empreint des idées qu'il reçoit et du milieu dans lequel il vit;

son génie natif s'adapte aux circonstances qui le favorisent; il grandit avec sa fortune, s'assimile aux nations qu'il gouverne, et se modifie avec une étonnante flexibilité d'esprit. Vouloir le juger en bloc, apprécier son caractère en superposant, par un perpétuel anachronisme, ses opinions et ses actes aux diverses époques de sa vie, c'est méconnaître la réalité, c'est fausser l'histoire. Napoléon n'est pas un dieu dont le premier vagissement comme la dernière parole est une révélation. C'est un grand homme, mais c'est un homme.

Napoléon est né en Corse, au moment où l'île jusque-là indomptée, l'île généreuse, « qui ne sut jamais fournir d'esclaves », frémissait encore sous le coup de la conquête étrangère.

Tout parlait à son imagination, à son esprit, à son cœur, des luttes pour l'indépendance, des héros qui y avaient sacrifié leur vie. Il ne voyait autour de lui que des hommes armés et habitués à être libres. Depuis que la Corse a une histoire, la liberté est son premier besoin. Groupés volontairement autour de quelques familles, plus anciennes, plus riches, plus estimées par leur bravoure ou leur patriotisme, les Corses formaient une véritable démocratie, où les meilleurs étaient les chefs. Sobres, hardis, ayant toutes les violentes passions des peuples primitifs que la civilisation n'a ni adoucis, ni corrompus, ils subissaient avec impatience une domination à laquelle leurs divisions les avaient condamnés.

Pour rendre Français les jeunes Corses de la génération nouvelle, la France comptait surtout sur l'éducation qu'ils recevraient dans ses écoles et dans ses armées. Séduit par les avantages qu'en tireraient ses enfants, Charles Bonaparte donna à la France ses fils et ses filles, et Napoléon, à l'âge où l'on commence à sentir, c'est-à-dire à souffrir, se trouva brusquement transporté dans un milieu étranger. Il était un vaincu, il était pauvre; sa langue, son éducation, ses habitudes, tout l'isolait. Il eut à surmonter ces hostilités de l'école que les enfants savent rendre cruelles. Il eut à apprendre, en même temps qu'un parler inconnu, un monde nouveau. Ce monde, il ne put d'abord que le haïr. A travers les écoles où il passa, il resta Corse. Sans cesse, sa pensée s'envolait vers les montagnes où l'on était libre, vers cette grotte où le bruit des vagues berçait jadis ses rêveries, vers ce pays où était *la mère*, celle qui fut toute sa vie l'affection la plus profonde de son cœur, celle à qui plus tard, comme le meilleur titre et le plus haut, il donna et fit donner par le monde entier le nom de *Madame Mère*. D'elle il procédait. Il tenait d'elle ses instincts, ses sentiments religieux, sa résolution, et ce calme de l'âme à travers les plus grands périls. Comme il avait reçu d'elle ses traits, il avait reçu aussi ce stoïcisme qui ne s'est jamais démenti, qui faisait sacrifier sans un regret à cette mère économe sa demeure et ses biens pour une idée, qui lui donnait la force de regarder sans une larme l'incendie de sa maison. La proscription, l'exil, qu'importait, lorsque le devoir commandait?

Le devoir commandait aussi à Napoléon de rester en France et d'apprendre à être un homme. La mère l'ordonnait; mais bien qu'en France, l'enfant vivait dans ses projets et dans ses rêves. Il se donna à la liberté, à l'égalité, à l'indépendance, à l'amélioration du sort des hommes. Il lut Rousseau et l'œuvre du philosophe exerça sur son esprit une grande influence. Avec Rousseau il fut déiste, il aspira au relèvement des déshérités et des petits; avec lui, il rêva de sociétés libres. Et cette Corse, cette île dont Rousseau avait parlé, et pour laquelle on lui avait demandé une constitution, fut comme un lien de plus entre le philosophe et son disciple. Dans les longues heures où le service militaire le laissait inoccupé, que ne lut-il point? A la suite de chaque lecture, il jetait sur le papier quelques notes brèves, quelques mots à retenir, quelques réflexions. Il passa ainsi tout en revue : histoire, politique, philosophie, religion. Il s'attarda à l'étude de l'Orient, où Raynal l'entraîna, et longuement il analysa l'*Histoire des établissements des Européens dans les deux Indes*. Il s'y complut, il y revint. Pressentait-il alors qu'il verrait lui aussi, dans un ciel clair, son astre se lever sur les Pyramides? Il savait les mœurs, les habitudes, l'ethnographie de l'Orient. Sur de petits cahiers il repassait la géographie et l'histoire. Parfois même il s'essayait à quelque conte oriental. Sur la théologie, c'était le même travail, sur la législation, sur toutes les sciences du gouvernement. Son esprit avait une curiosité uni-

verselle, invincible, une justesse surprenante.
Dès lors il écrivait. Son style n'est point
formé à ces délicatesses qui ravissent les
lettrés. Il déclame encore, mais déjà il a la
précision et la netteté, on sent une mémoire
où tout se grave, les hommes et les choses,
les actes et les paroles. Si l'instrument
n'obéit pas encore, l'esprit est déjà mûr.

La Révolution éclate. Elle le saisit. Elle en
fait un Français. Sa race, ses instincts, ses
études, ses souffrances, ses passions, tout en
lui est démocratie. Tout l'entraîne vers la Révolution. Il l'a attendue et espérée. Il la salue
et l'acclame. Pour elle, il abandonne ce que
jusque-là il a le mieux aimé : la Corse. Pour
elle il est proscrit, et c'est elle qu'il défend
dans ses premiers écrits. L'éducation qu'on
lui a donné l'a fait soldat de métier, et, déjà,
il laisse échapper des jugements sur l'art militaire. Pas un instant il n'hésite sur le parti
à suivre. Entre la France et la royauté, il a

choisi la France. Dans les armées de la République, au premier rang, il y a des Corses. Quels sont les Corses — une famille exceptée — qui combattent dans les rangs des émigrés? Quoi! parce que Bonaparte a été élevé dans une école royale, il a manqué à son devoir en ne désertant pas! Quoi! ce serait un crime pour tous les officiers, ses camarades, de ne s'être pas rangés parmi les coalisés, d'avoir combattu et vaincu pour la patrie! Quel sang ont-ils donc dans les veines ceux qui osent faire de la trahison envers le pays une vertu, et de la fidélité à leur drapeau un opprobre? Bonaparte, soldat de la Convention, a mitraillé les Marseillais rebelles; il a repris Toulon révolté, et, dans Paris soulevé, il a affirmé à coups de canon la République contre la royauté. Certes l'instant était solennel, le destin de la patrie allait être remis aux mains d'un inconnu de vingt-sept ans. Bonaparte dut délibérer avec lui-même.

Comme tant d'autres soldats, il avait horreur des crimes inutiles, des guillotinades, des assassinats revêtus d'une forme soi-disant légale. Mais l'unité de la France et son intégrité étaient en jeu, mais en face d'un général déserteur pour commander les sections, c'était toute la Révolution remise en question.

La réaction triomphait, et Bonaparte savait quelle justice les citoyens et les soldats devaient attendre des royalistes. En quelques minutes, la réaction fut domptée. Bonaparte avait ainsi sauvé la Révolution. Alors, après Vendémiaire, il naît aux grandes choses. Les événements l'entraînent, et son génie est toujours à leur hauteur. Jusqu'à Arcole, il n'est qu'un général que la victoire accompagne, et qui ne songe qu'à préparer les défaites de l'ennemi. Comme homme de guerre, il est sans égal. A partir d'Arcole, il se place à la hauteur des politiques les plus habiles. Comme administrateur, il organise une grande nation et, frappant l'Italie de son épée, il en fait une patrie. Son ambition désormais égale sa fortune. Où qu'elle le conduise, son génie marchera du même pas.

Mais il n'ira pas se jeter au hasard dans des aventures qui peuvent lui donner une grandeur éphémère, en compromettant l'avenir. Il voit le péril qui menace la République et la France. A la tête de la glorieuse armée d'Italie et, avec elle, il proteste contre les projets du royalisme. Il laisse partir Augereau pour Paris en fructidor, Hoche n'ayant pas accompli le coup d'État dont il avait accepté l'idée. Mais il ne convient point à Bonaparte de se mêler de sa personne à l'événement. Il se réserve, il réfléchit, il médite, il sait attendre.

Après Campo-Formio, il attend encore. Rester à Paris au milieu des intrigues des factions rivales, prendre parti pour l'une d'elles, c'est user inutilement sa gloire. Le continent est pacifié ; seule l'oligarchie britannique travaille à des coalitions nouvelles : voilà l'ennemi, celui qui subventionne les rois et suscite les peuples contre la France. Mais pour descendre en Angleterre les moyens manquent. L'expédition de Hoche en Irlande a échoué. La flotte anglaise veille. Pour une telle entreprise, il faut du temps, de l'argent, beaucoup de pouvoir. On peut vaincre l'Angleterre ailleurs que chez elle : l'Inde conquise, elle est domptée. C'est là qu'il faut frapper. Et puis, cet Orient dont Bonaparte rêve depuis l'enfance, auquel un instant il fut tenté de proposer son épée, cet Orient n'est-il pas pour l'attirer, lui aussi, après Alexandre et après César. Là où ils ont mis leur pied, il met le sien. Comme eux, Alexandrie le voit victorieux, et c'est alors cette campagne devant laquelle l'imagination s'arrête étonnée, c'est dans un pays qui semble mort depuis des siècles une vie nouvelle s'éveillant! Et là ce Corse, ce petit Corse qui, nous dit-on, ne connaît rien, qui n'a rien lu, sait être Égyptien, comme il avait su être Italien hier. Il sait tout de l'Égypte : les mœurs et la religion, les usages et les modes. Il donne des lois. Il organise des fouilles avec Monge, Berthollet et ses autres savants. Il crée des industries ou des instituts, il fait des canons et des crayons, des journaux et de la pharmacie. Il est universel, et, de chacun des hommes qui l'accompagnent, il sait extraire jusqu'à la plus infime part de génie qui peut servir à ses desseins. Quels sont donc ses projets? Songe-t-il dès lors, en Italie ou en Égypte, à se tailler un royaume avec l'épée, comme faisaient ces condottieri auxquels on le compare? Non, c'est pour la France qu'il travaille, c'est à la France qu'il songe. En Italie, il a fondé une République, sœur de la République française, pour opposer au système des alliances monarchiques de la vieille Europe le faisceau des alliances démocratiques des nations. En Égypte, il a prétendu donner à la France, comme l'avait proposé Leibnitz, un territoire immense, d'une fécondité inouïe, dans un climat salubre, dont la possession en même temps qu'elle assurait la domination de la Méditerranée, nous ouvrait la route des Indes. Pour réussir, que fallait-il? Il fallait que la paix conclue à Campo-Formio durât quelques mois de plus, que le gouvernement incapable du Directoire ne fournît point de prétexte immédiat à des coalitions nouvelles, qu'il n'envoyât pas auprès des cours étrangères de prétendus diplomates, dont chaque parole était une provocation, qu'il n'épuisât pas, par un rançonnement odieux, les peuples alliés, qu'il ne vidât pas comme à plaisir les trésors conquis par Bonaparte ; enfin que de faute en faute, de crime en crime, de concussions en concussions, il ne menât point au bord de l'abîme cette France que Bonaparte avait laissée victorieuse et respectée.

Par surcroît, cette Égypte qu'on venait de conquérir, il fallait la défendre contre une double invasion. C'est en Syrie que se joue le sort de l'Égypte. Bonaparte marche contre une première armée turque, la bat, l'écrase, la disperse, mais il ne peut compléter sa conquête. Saint-Jean-d'Acre l'arrête et il doit revenir en toute hâte. Une autre armée ennemie va débarquer. Elle débarque en effet, mais c'est pour disparaître.

La bataille d'Aboukir, c'est l'Égypte sauvée. A présent il faut sauver la France envahie. Bonaparte part; le voici à Fréjus, à Paris. Il y trouve un gouvernement qui conspire contre lui-même, des pactes déjà conclus avec la royauté, la réaction menaçante en face du jacobinisme réveillé. Tous viennent à lui. Tous le pressent de délivrer la patrie d'un régime qui la tue. Comme en Vendémiaire, il délibère. Là encore, l'alternative est terrible. Il faut pour le salut d'un peuple jeter bas une machine légale, faussée il est vrai, déjà pourrie, mais encore debout. Il faut sortir de la légalité, une légalité viciée par trois coups d'État. Il faut périr avec ce fétiche de constitution, ou le renverser pour vivre. Les hommes les plus considérables, ceux qui comptent par leur patriotisme et leurs talents, et qui ne sont pas encore proscrits, deux directeurs, une partie du conseil des Cinq-Cents, la majorité des Anciens, appellent, implorent, supplient le général d'agir. L'armée entière, le peuple entier sont avec lui. Le 18 Brumaire, Bonaparte délivre la France de la conspiration royaliste et de la terreur jacobine.

Faut-il dire quel était alors l'état de notre pays ? Les armées défaites, plus d'administration ; 160 000 francs en tout dans les caisses du Trésor; sur les chemins défoncés et où la circulation était impossible, des bandes de voleurs ne gardant même plus leur masque politique; les hospices pillés par ceux qui en avaient la garde ; les édifices publics tombant en ruine; la France retournant à la barbarie, la France sans idéal, sans mœurs, tombant dans une anarchie absolue.

Bonaparte prend le pouvoir. Dès le premier jour où il entra dans la salle où délibéraient les consuls provisoires, Siéyès pourra dire : « Nous avons un maître qui sait tout faire, qui peut tout faire, et qui veut tout faire. » La loi des otages abolie; la liste des émigrés close ; les proscrits rappelés, parmi eux Carnot, La Fayette; la Vendée pacifiée; les brigands poursuivis et exterminés; la diplomatie française relevée aux yeux de l'Europe par le choix d'agents honorables, tels sont ses premiers actes.

Et après Marengo, voici ce consul si attaqué, le voici qui du premier coup se trouve connaître tout de la France : finances, administration, religion, politique, tous les ressorts et tous les moyens de les faire agir. Dans les épaves de l'ancien régime, il reprend les débris qui peuvent servir à son œuvre. Il les amalgame avec les institutions nées de la Révolution. Il agit de même avec les hommes, les jugeant à leurs talents et non à leurs opinions et à leur passé. Il mêle les uns aux autres les Girondins et les royalistes, les montagnards et les constitutionnels. Il demande à chacun ce qu'il peut donner. De tous ces éléments qu'il fusionne et combine, il compose le métal de Corinthe, avec lequel il fait son gouvernement. C'est une France nouvelle.

Et tous ces changements, il les accomplit sans qu'une heure, une minute, la machine gouvernementale soit arrêtée. Il veille à tout.

Son génie infatigable suffit à tout. Il ne s'obstine point à des projets secondaires. Quand il ne peut les réaliser sur l'heure, il sacrifie tout au but qu'il faut poursuivre, et ce but c'est toujours et partout la grandeur de la France.

Un jour arrive, où la paix qu'il a donnée à la France, il l'obtient de l'Europe entière, de l'Angleterre même. Et pour cela quel temps a-t-il fallu? *Deux ans et trois mois!*

Certes, une telle œuvre accomplie mériterait quelque repos. Mais où et quand Bonaparte pourra-t-il en prendre?

Parce qu'il a refusé de trahir la Révolution et de livrer la France à Louis XVIII, l'Angleterre prépare une coalition nouvelle; les provinces de l'Ouest sont pleines d'agents qui fomentent la guerre civile. A Paris, les conspirations sont en permanence, les coupe-jarrets royalistes aiguisent leurs poignards, fabriquent leurs engins de mort. Bonaparte veut frapper un grand coup. Le duc d'Enghien en est la victime. Malgré la réprobation qu'il soulève en Europe, cet événement met un terme aux complots et terrifie les assassins. Que ce prince, un des plus militants de la maison de Bourbon, fût coupable, cela n'est pas douteux. Mais il résidait en territoire étranger, et quoique l'Électorat de Bade eût un traité d'extradition avec la France, le droit international ne permettait pas d'aller l'y saisir. La raison d'État peut seule expliquer cet acte.

Les événements n'admettent point que Bonaparte s'arrête. Pour le salut de la France, pour la lutte avec l'Angleterre, avec l'Europe, sans cesse soulevée contre la Révolution, il faut qu'il marche, il faut qu'il centralise de plus en plus son pouvoir, il faut que son armée s'accroisse sans cesse, il faut qu'il combatte partout à la fois. Il va enfin se ruer sur l'Angleterre et tenter d'en finir

avec elle. Elle suscite l'Autriche contre lui.
L'Autriche est vaincue et l'Allemagne réorganisée, pour qu'elle ne soit plus un ennemi.
En 1806, c'est la Prusse qui nous attaque.
Elle est mise hors de combat. Son alliée,
la Russie, après une longue campagne, est
défaite à son tour. Napoléon et Alexandre se
rencontrent à Tilsitt et s'entendent.

Partout où Napoléon laisse se rétablir les
vieilles royautés, il est certain que malgré
les bienfaits dont il les comble, malgré les
promesses des rois, malgré leurs intérêts
même, ce sont des ennemis qu'il aura derrière lui et qui, au premier échec, se jetteront
sur la France. Il a fallu prendre l'Italie entière aux rois bourbons et aux princes lorrains. Il faut délivrer la Suisse de l'aristocratie des cantons. Il faut dominer l'Allemagne. Tout ce qui n'est pas sujet est ennemi.
Que n'a-t-il pas fait cependant pour rendre
durable la paix qu'il accorde, pour montrer

à l'Europe que la protection de la France vaut mieux que la solde de l'Angleterre? Mais Napoléon, c'est la Révolution. L'ancien régime méditera toujours ses revanches, et promettant aux peuples une indépendance fallacieuse, il se servira de leur bras pour enchaîner leur libératrice.

Napoléon jusqu'en 1808 est l'empereur des Français. A partir de ce moment, les événements exigent toujours qu'il marche en avant; l'hostilité de l'Angleterre lui crée sans cesse de nouvelles occasions de victoires. la fortune seconde son génie, mais son ambition dépasse toujours l'heure présente et veut en un jour réaliser l'avenir. Napoléon n'est jamais étonné des sommets où il parvient. Peut-on dire qu'il ait envisagé la possibilité de réunir sous un seul sceptre la plus grande partie de l'Europe, que gouverneront ses frères, ses lieutenants, ses feudataires et ses vassaux?

A cet esprit qui a la perception des réalités au plus haut point, une nécessité transitoire s'impose. Son œuvre semble accomplie dès à présent. Elle assure la sécurité et la grandeur de la France. Mais pourtant, en regardant ces provinces ajoutées aux provinces, ces royaumes ajoutés aux royaumes, cet immense empire étendu sur l'Europe, débordant hors des frontières de la France, il conçoit l'idée d'un cadre de fer contenant sous sa main puissante tant d'éléments hétérogènes, jusqu'à la paix. On le peint rêvant du rétablissement de l'empire d'Occident, d'un empire comme fut l'empire romain. Telle ne fut pas sa pensée. Il subit la loi dictée par cette incessante et inexorable lutte de l'Angleterre contre la France. L'Angleterre a seule les mers, toutes les mers dont elle use et abuse : elle bombarde Copenhague sans déclaration de guerre, violant le droit des neutres plus que Napoléon Ier ne l'a jamais fait. Ne faut-il pas pour la vaincre et la réduire, que Napoléon ait à lui les côtes de l'Europe? L'omnipotence maritime de l'Angleterre motive le système continental. Le système continental engendre l'extension de l'empire.

Les affaires d'Espagne, dans lesquelles, au début, Napoléon répugnait à mettre la main, n'est-il pas forcé de s'en occuper? Ce sont les Bourbons qui l'appellent et l'implorent pour régler leurs querelles de famille et le prennent pour juge. Et quand il se trouve à Bayonne, en face de ce roi dégradé, de cette reine indigne, de ce ministre prêt à toutes les basses besognes, de ce fils soupçonné de parricide et dont l'ambition cherche un argument dans l'ineptie de son père et les tristes penchants de sa mère, que dire, que résoudre? Certes, mieux eût valu se dégager de cette Espagne qui fut si souvent néfaste à la France, mieux eût valu laisser se débattre entre eux les descendants abâtardis de Louis XIV. Mais les livrer à eux-mêmes, c'était livrer l'Espagne à l'Angleterre, c'était permettre à l'armée anglaise d'occuper la péninsule jusqu'aux Pyrénées et de prendre la France à revers. Et puis, n'était-ce rien que d'apporter à ce peuple les lois, l'esprit, la constitution des peuples modernes, d'implanter la Révolution sur la terre de l'inquisition, et de faire de ce royaume une nation?

Le peuple espagnol se révéla par nous, mais contre nous. En Espagne, comme en Italie, sur le Rhin, comme sur la Vistule, c'est Napoléon qui a éveillé les nations, c'est lui qui leur a enseigné leurs droits. Certes sous la main du rude ouvrier, l'arbre a été parfois émondé des branches qui semblaient les plus vivaces. Parfois l'idée de l'émancipation a paru morte, mais ce n'était qu'un sommeil. Elle reparut terrible et finit par se retourner contre l'émancipateur.

Qu'importent donc les erreurs momentanées, dont le temps a fait justice, si l'œuvre européenne est telle que des siècles passeront sur elle, en ne faisant que la consolider ? Oui, dans le système napoléonien, de 1809 à 1813, on est à l'aise pour critiquer. Certaines institutions sont restées inachevées, d'autres ont été exagérées. La noblesse impériale, dont la conception était grande, a eu un résultat fatal. Elle s'est presque toute ralliée aux ennemis de son fondateur ; au lieu de rester dans les camps, elle a encombré les salons et les antichambres ; au lieu de demeurer conforme à son origine, elle s'est donnée à la légitimité, comme si elle aussi revenait de l'émigration.

Napoléon a jeté des semences : quelques-unes ont germé, d'autres ont pourri sur place. Ne jugeons point Napoléon d'après ses œuvres mortes, jugeons-le d'après ses œuvres vivantes. S'il s'est trompé en cherchant dans l'Autriche vaincue par ses armes et relevée par sa générosité, une alliée fidèle, s'il a cru consolider à jamais cette alliance en acceptant dans son lit cette fille d'empereur pour laquelle on mendiait ses regards, n'était-ce point la meilleure preuve qu'il pût donner de son désir sincère d'établir la paix en Europe?

Qui donc a voulu la guerre en 1812? Napoléon ou Alexandre? Lorsque la Russie achetait d'un employé infidèle les états de situation de l'armée française, lorsqu'elle poussait ses armements, lorsqu'elle rappelait son armée d'Orient, lorsqu'elle méconnaissait les conventions de Tilsitt et d'Erfurth, lorsque l'influence anglaise dominait ouvertement à Saint-Pétersbourg, était-ce la paix que voulait Alexandre? Qu'on se reporte à la lettre que, de Vilna, le 1er juillet 1812, Napoléon écrivit à Alexandre. Jamais griefs n'ont été plus évidents, jamais déclaration n'a été plus nette, jamais le droit n'a été plus manifeste. Mais après les quatre coalitions, après la Prusse, après l'Espagne, après l'Autriche, la haine de l'Angleterre obtint de la Russie ce dernier effort. Il fallut encore combattre. Pourquoi, à Moscou, l'Empereur s'est-il attardé? Parce qu'il espérait signer la paix.

Voilà donc cette gigantesque ambition, cette soif de la domination, cette passion sanguinaire? La paix, il l'offre, il la demande dès qu'il a vaincu. La paix en 1805, la paix en 1807, la paix en 1809, la paix en 1812, la paix en 1813, qui donc la désire sinon lui? Est-il abattu lorsqu'il offre la paix? Non! c'est au lendemain de ses victoires, et toujours c'est la coalition qui refuse : tant que Napoléon reste debout, la Révolution n'est pas vaincue.

A partir de Moscou, Napoléon n'est pour ainsi dire plus Empereur, il n'est plus que le général d'armée. Il lutte pied à pied, victorieux partout où il se présente, vaincu partout où sont ses lieutenants. La trahison le cerne ; elle est dans son armée où ses alliés l'abandonnent au milieu du combat, elle est dans ses villes où les bourbonniens appellent l'étranger, où des conspirations s'ébauchent; elle est dans ses conseils où les ministres d'hier s'apprêtent à le vendre. La lassitude envahit le cœur de ses généraux. Lui seul portant en lui les destinées de la France, il lutte jusqu'au bout.

Quand il écrit dans son acte d'abdication *qu'il n'est aucun sacrifice personnel, même celui de la vie qu'il ne soit prêt à faire à l'intérêt de la France,* niera-t-on qu'il est de bonne foi, lui qui serre à ce moment le poison dans sa main crispée? *Et si Dieu ne le veut pas,* c'est qu'il faut que la destinée s'accomplisse. Il faut que le martyr de Sainte-Hélène puisse donner à la France et à l'humanité ses suprêmes enseignements.

Tomber d'un trône comme le sien à la

principauté de l'île d'Elbe, quelle chute pour Napoléon! Pourtant il eût accepté le sacrifice; il aurait vécu là, si on l'y eût laissé vivre et si le cri de la France n'était pas venu retentir sur ce rocher. A cet appel passionné, il répond avec sa décision ordinaire. De Fréjus aux Tuileries, c'est une marche triomphale. Il y rentre en souverain, mais il ne poursuit plus le rétablissement de l'ancien empire. Il sent qu'il faut à la nation des libertés et un régime plus large. Il se plie aux événements, sa bonne foi est entière. Qui appelle-t-il dans ses conseils? Benjamin Constant, à qui il confie la rédaction de l'acte additionnel; Carnot, dont il fait son ministre de l'intérieur. Esprit supérieur, dédaigneux des demi-mesures, il va droit au but et ne marchande pas les concessions.

Que n'a-t-il pu, au lieu de se livrer au système parlementaire anglais, développer les institutions consulaires dans un sens représentatif? Que n'a-t-il pu organiser son gouvernement sur les bases qu'il affirmait dans la mémorable assemblée du champ de Mai? Le temps et les événements ne le lui permirent pas.

Déjà dans le Napoléon du champ de Mai perce le Napoléon de Sainte-Hélène, l'homme qui, résumant sa vie, sait la juger, discerner ses fautes et marquer celles de ses adversaires, indiquer dans son œuvre quelles ont été les mesures transitoires et les actes définitifs. Il pressent l'avenir, il marque aux nations leur but, et prisonnier des rois, il les contraint d'écouter ses leçons. La liberté apparaît alors à son esprit comme la nécessité de la société nouvelle. Il prévoit la République devenant la forme gouvernementale de la démocratie.

Loin des vains entraînements que l'intérêt dynastique pouvait encore inspirer à sa pensée, il aperçoit au-dessus des haines les droits sacrés de la civilisation, et comme s'il avait deviné les périls où elle court, il avertit les peuples : « Malheur à la France, si par ses divisions, elle prépare le triomphe aux envahisseurs! »

J'ai dit ma pensée. Je n'ai pu la dire tout entière. J'ai voulu juger l'homme par son œuvre, la présenter telle que je la comprends. J'aurais à montrer encore l'homme privé. Il était bon, sensible. Au milieu des horreurs de la guerre, il déplore et cherche à arrêter les cruautés. Après les reproches de Joséphine, dans les déchirements du divorce, il demeure des heures entières en proie à une silencieuse affliction. Pendant la grossesse de Marie-Louise, sa sollicitude est de tous les instants; pendant l'accouchement, il veut qu'on sauve la mère avant l'enfant. Après la naissance du roi de Rome, il l'entoure des soins les plus attentifs. Au sortir de la solennité des audiences publiques qu'il veut imposantes, il se retrempe dans la vie de famille dont il a goûté la simplicité pendant son enfance. Ses violences passagères, et souvent voulues émanaient de sa tête et non de son cœur. Il revenait bientôt et presque toujours pardonnait. En apprenant l'abdication et la fuite de Louis, roi de Hollande, il se désole : « Je l'ai élevé, s'écrie-t-il, avec les faibles ressources de ma solde de lieutenant d'artillerie. J'ai partagé avec lui mon pain et les matelas de mon lit. » — Il vient au secours de Carnot. Il assure les derniers jours de Chénier, de l'abbé Sicard, de Palissot. Lui, qu'on nous dit incapable d'inspirer ou de ressentir l'amitié, il a des amis qui s'appellent Desaix, Lannes, Duroc, Muiron, Bessières, Caulaincourt. Sobre de louanges, c'est par des traitements affectueux, par des récompenses délicates qu'il exprime sa satisfaction. Ses domestiques mêmes sont l'objet de ses ménagements, de son indulgence. Un rapport de police lui apprend qu'il est accusé d'avoir, dans un moment d'effroi, déchargé sur son secrétaire un pistolet, dont il ne se sépare pas, et de l'avoir tué raide! Et qui lui lit ce rapport? Ce même secrétaire, Méneval, qui, plus que personne, vante sa douceur.

Voilà l'homme. Il est tout entier dans ses lettres à Joséphine et à Marie-Louise, dans ses lettres à ma grand'mère, à mes oncles, à mon père. Tout cela est publié. Les diffamateurs ne s'en soucient point. Je ne me soucie point, moi, des cancans de femmes de chambre ou de valets congédiés. Les calomniateurs écriront ce qui leur plaira, le grand nom restera gravé au cœur du peuple.

Dans son système cherchons plutôt des leçons que des modèles.

Napoléon n'a pas pu fonder le gouvernement de l'avenir. Quand on compare son œuvre civile à ses institutions politiques, on voit bien qu'il se réservait le soin d'achever l'édifice dont il se bornait à jeter les fondements.

Il avait compris que, sur ce sol encore mouvant, on ne pouvait pas asseoir une organisation définitive et qu'il fallait laisser à la démocratie le temps de fixer ses conquêtes, avant d'arrêter la forme dans laquelle elle trouverait la garantie de ses droits.

Le problème politique reste donc entier; c'est à notre génération qu'il appartient de le résoudre.

L'erreur dans laquelle tombent quelques-uns consiste à confondre l'œuvre sociale et l'œuvre politique de Napoléon, à associer l'une à l'autre et à ne savoir pas dégager de l'ensemble ce qui n'était que transitoire et accidentel.

Et cependant peut-on dire qu'aucun principe d'organisation politique ne se dégage de l'œuvre de Napoléon?

Je suis loin de le penser. Plus j'applique mon esprit à cette grave question, plus je demeure convaincu qu'il y a là, dans cette œuvre immense et inachevée, dont les apologistes comme les détracteurs de Napoléon ont si souvent dénaturé le caractère, l'idée fondamentale, le principe essentiel du gouvernement de la démocratie française.

Ce principe c'est qu'une vieille société comme la nôtre obéit à des nécessités traditionnelles que la démocratie transforme sans les détruire, et que dans cette société, il n'y a pas de gouvernement quand le pouvoir qui exécute et qui agit n'émane pas d'un mandat direct, spécial et distinct; quand le pouvoir législatif n'est pas contenu dans la sphère où doivent se mouvoir la délibération et le contrôle.

Les nécessités de la guerre, les entraînements de la toute-puissance ont fait dévier cette grande conception du pouvoir qui plane cependant sur le système impérial. Il nous appartient de la ressaisir dans sa réalité démocratique et de l'appliquer loyalement à la République dont elle peut devenir la plus sûre garantie.

Notre régime parlementaire, que le morcellement de l'opinion suffirait à rendre impraticable et dont l'expérience nous coûte si cher, est condamné par tous les esprits prévoyants.

L'alternative se pose : ou le pays subira la dictature d'une assemblée, ou il reviendra à la véritable notion du gouvernement démocratique et représentatif.

Ici encore et, quoiqu'en disent les déclamateurs et les ignorants, il faudra bien rentrer dans le sillon lumineux que Napoléon a tracé. L'œuvre que ce nom résume a subi devant l'opinion des épreuves diverses.

Maudite par les libéraux de l'école monarchique dont elle brisait l'oligarchie, elle a été longtemps défendue par les démocrates comme la sauvegarde des principes de la Révolution. Elle est aujourd'hui battue en brèche par les utopistes dont l'esprit réformateur s'égare dans les chimères.

L'organisation que Napoléon nous a donnée deviendra une fois de plus la suprême garantie d'une société qui veut vivre et se développer en progressant.

J'ai la prétention d'être de ceux qui ne reculent devant aucune des réformes que la transformation de notre état économique et social exige; mais j'affirme cependant que le jour où nos institutions civiles seraient menacées, dans leurs parties vives, la France toucherait à l'extrême péril.

Je m'arrête; je ne veux pas ici faire de politique.

Il me suffit de ramener au respect de l'histoire les détracteurs de Napoléon.

Héritier de ce grand nom, c'est, l'histoire à la main, que j'ai défendu la mémoire du héros.

APPENDICE

APPENDICE

PIÈCE Nº 1.

TRAITÉ DE REICHENBACH
27 juin 1813.

Art. 1ᵉʳ. — Sa Majesté l'empereur d'Autriche ayant invité les cours de Russie et de Prusse à entrer, sous sa médiation, en négociation avec la France pour une paix préalable, et qui puisse servir de base à une paix générale, et Sa Majesté, ayant fixé les conditions qu'elle croit nécessaires au rétablissement d'un état d'équilibre et de tranquillité durable en Europe, *elle s'engage à déclarer la guerre à la France,* et à joindre ses armes à celles de la Russie et de la Prusse, si, jusqu'au 20 juillet de cette année, la France n'a point accepté ces conditions[1].

Art. 2. — Les conditions mentionnées dans l'article précédent sont les suivantes : 1° la dissolution du duché de Varsovie, et le partage des provinces qui le forment, entre l'Autriche, la Russie et la Prusse, d'après des arrangements à prendre par ces trois puissances, sans aucune intervention du gouvernement français ; 2° l'agrandissement de la Prusse en suite de ce partage, et par la cession de la ville et du district de Dantzig ; l'évacuation de toutes les forteresses, qui aujourd'hui se trouvent encore occupées par les troupes françaises dans les États prussiens et dans le duché de Varsovie ; 3° la restitution des provinces illyriennes à l'Autriche ; 4° le rétablissement des villes hanséatiques, du moins de Hambourg et de Lübeck avec leurs anciens territoires, comme villes indépendantes et n'appartenant à aucune ligue ou confédération étrangère, et un arrange-

---

1. Ce *délai* fut prorogé, en même temps que l'armistice du 10 août, *terme de rigueur*.

ment éventuel, lié à la paix générale, sur la cession des autres parties de la 32ᵉ division militaire.

Art. 3. — Dans le cas où ces conditions ne seraient point acceptées par la France, l'Autriche s'engage à poursuivre immédiatement, par la voie des armes, le but qu'elle n'aurait pu obtenir par celle des négociations, et à employer à cet effet toutes les forces dont elle pourra disposer.

Art. 4. — Réciproquement, les deux cours de Russie et de Prusse promettent d'agir dès lors en commun avec l'Autriche, en qualité d'alliés, et chacune avec toutes les forces qu'elle aura pu rendre disponibles jusqu'à ce moment.

Art. 5. — Quoiqu'elles viennent de s'obliger à entrer en campagne, avec la totalité de leurs forces, elles y ajoutent encore l'engagement qu'elles les tiendront au grand complet, pendant toute la durée de la guerre, et nommément l'Autriche avec au moins cent cinquante mille hommes, la Russie cent cinquante mille hommes pour le moins, et la Prusse quatre-vingt mille hommes, sans compter les garnisons destinées à la défense de l'intérieur; bien entendu qu'en exécution des articles précedents,

S. M. l'empereur et LL. MM. l'empereur de Russie et le roi de Prusse promettent mutuellement, et avec la bonne foi qui les caractérise, d'augmenter ce nombre, autant que leurs moyens le permettront.

Art. 6. — La guerre une fois commencée, les trois cours alliées poseront, pour but de leurs efforts communs, les articles énoncés par les cabinets russe et prussien, dans leurs notes du 16 mai, en leur donnant la plus grande étendue [1].

Art. 7. — Les trois cours s'engagent formellement à n'entrer dans aucun arrangement ou négociation, soit pour la paix, soit pour la guerre, que d'un commun accord.

Art. 8. — L'on procédera, aussi promptement qu'il sera possible, à établir un accord militaire sur les opérations de la campagne, et, à cet effet,

---

1. Restitution du Hanovre à l'Angleterre ; reprise des pays réunis à la France sous le nom de 32ᵉ division militaire, et des provinces allemandes possédées par *des princes français;* indépendance absolue des États intermédiaires entre *le Rhin et les Alpes* d'un côté; et de l'autre, les frontières d'Autriche et de Prusse rétablies *sur les bases de* 1805 (articles secrets du traité de Tœplitz, signé le 9 septembre 1813).

les cours alliées nommeront de leur côté des officiers supérieurs, afin de prendre et d'arrêter les arrangements éventuels et nécessaires avec le général en chef de l'armée autrichienne.

Art. 9. — Les cours alliées promettent, de la manière la plus solennelle, de n'écouter aucune insinuation ou proposition qui leur serait adressée directement ou indirectement par le cabinet français, pendant la durée de l'armistice.

Art. 10. — La cour de Vienne s'engage également à ne consentir à aucunes propositions de la part de la France, qui seraient contraires aux intérêts des cours alliées, ou en opposition avec les principes qui font la base de la présente convention.

Art. 11. — Les cours alliées s'obligent à garder à jamais le plus strict secret sur la convention actuelle, et à ne la communiquer même à aucun de leurs alliés, sans le consentement préalable de l'Autriche.

Art. 12. — La présente convention sera ratifiée, par les hautes puissances contractantes, dans le terme de six jours, ou plus tôt, si faire se peut.

En foi de quoi, les plénipotentiaires respectifs

ont signé la présente convention de leur propre main, et y ont opposé le cachet de leurs armes.

Fait à Reichenbach, le 27 juin 1813.

> *Signé :* Le comte DE STADION.
> Le comte DE NESSELRODE.
> Le baron DE HARDENBERG.

PIÈCE N° 2.

ENTRETIEN DE L'EMPEREUR AVEC LE COMTE DE METTERNICH
le 23 juin 1813.

— Vous voilà donc, Metternich! dit Napoléon, en le voyant; soyez le bienvenu! Mais, si vous voulez la paix, pourquoi venir si tard? Nous avons déjà perdu un mois, et votre médiation devient presque hostile à force d'être inactive. Il paraît qu'il ne vous convient plus de garantir l'intégrité de l'empire français, eh bien! soit; mais pourquoi ne pas l'avoir déclaré plus tôt? que ne me le faisiez-vous dire franchement à mon arrivée de Russie, par Bubna, ou plus récemment par Schwarzenberg? Peut-être aurais-je été à temps de modifier mes plans; peut-être même ne serais-je pas rentré en campagne.

» En me laissant m'épuiser par de nouveaux efforts, vous comptiez sans doute sur des événements moins rapides. Ces efforts hardis, la victoire les a couronnés. Je gagne deux batailles; mes ennemis affaiblis sont au moment de revenir de leur illusions; soudain vous vous glissez au milieu de nous; vous venez me parler d'armistice et de médiation, vous leur parlez d'alliance, et tout s'embrouille. Sans votre funeste intervention, la paix entre les alliés et moi serait faite aujourd'hui.

» Quels ont été jusqu'à présent les résultats de l'armistice? Je n'en connais point d'autres que les deux traités de Reichenbach, que l'Angleterre vient d'obtenir de la Prusse et de la Russie. On parle aussi d'un traité avec une troisième puissance; mais vous avez M. de Stadion sur les lieux, Metternich, et vous devez être mieux informé que mo à cet égard.

» Convenez-en : depuis que l'Autriche a pris le titre de médiateur, elle n'est plus de mon côté ; elle n'est plus impartiale ; elle est ennemie. Vous alliez vous déclarer, quand la victoire de Lützen vous a arrêtés ; en me voyant encore à ce point redoutable, vous avez senti le besoin d'augmenter vos forces, et vous avez voulu gagner du temps.

» Aujourd'hui, vos 200 000 hommes sont prêts ; c'est Schwarzenberg qui les commande ; il les réunit en ce moment, ici près, là, derrière le rideau des montagnes de la Bohême. Et, parce que vous vous croyez en état de dicter la loi, vous venez me trouver. La loi ! Et pourquoi ne vouloir la dicter qu'à moi seul ? Ne suis-je plus celui que vous défendiez hier ? Si vous êtes médiateur, pourquoi du moins ne pas tenir la balance égale ?

» Je vous ai deviné, Metternich : votre cabinet veut profiter de mes embarras, et les augmenter autant que possible, pour recouvrer tout ou partie de ce qu'il a perdu. La grande question pour vous, est de savoir si vous pouvez me rançonner, sans combattre, ou s'il vous faudra vous jeter décidément au rang de mes ennemis ; vous ne savez pas encore bien lequel des deux partis doit vous offrir le plus d'avantages, et peut-être ne venez-vous ici que pour mieux vous en éclaircir. Eh bien! voyons, traitons, j'y consens. Que voulez-vous? »

Cette attaque était vive. M. de Metternich se jette à la traverse avec un attirail complet de phrases diplomatiques. Le seul avantage que l'empereur, son maître, soit jaloux d'acquérir, c'est l'influence qui communiquerait aux cabinets de l'Europe l'esprit de modération, le respect pour les droits et les possessions des États indépendants, qui l'animent lui-même : l'Autriche veut établir un ordre de choses qui, par une sage répartition des forces, place la garantie de la paix sous l'égide d'une association d'États indépendants.

— Parlez plus clair, dit l'Empereur en l'interrompant, et venons au but; mais n'oubliez pas que je suis un soldat qui sait mieux rompre que plier. Je vous ai offert l'Illyrie pour rester neutre; cela vous convient-il? Mon armée est bien suffisante pour amener les Russes et les Prussiens à la raison, et votre neutralité est tout ce que je demande.

— Ah! Sire, reprend vivement M. de Metternich, pourquoi Votre Majesté resterait-elle seule dans cette lutte? Pourquoi ne doublerait-elle pas ses forces? Vous le pouvez, Sire, car il ne tient qu'à vous de disposer entièrement des nôtres. Oui, les choses en sont au point que nous ne pouvons plus rester neutres ; il faut que nous soyons pour vous ou contre vous.

A ces mots, le ton de la conversation fléchit, l'Empereur conduit M. de Metternich dans le cabinet des cartes. Après un assez long intervalle, la voix de l'Empereur s'élève de nouveau :

« Quoi! non seulement l'Illyrie, mais la moitié de l'Italie et le retour du pape à Rome! et la Pologne, et l'abandon de l'Espagne! et la Hollande, et la confédération du Rhin, et la Suisse! Voilà donc ce que vous appelez l'esprit de modération qui vous anime! Vous ne pensez qu'à profiter de toutes les chances; vous n'êtes occupé qu'à transporter votre alliance d'un camp à l'autre, pour être toujours du côté où se font les partages, et vous venez me parler de votre respect pour les droits des États indépendants ! Au fait, vous voulez l'Italie, la Russie veut la Pologne, la Suède veut la Norwège, la Prusse veut la Saxe, et l'Angleterre

veut la Hollande et la Belgique. En un mot, la
paix n'est qu'un prétexte; vous n'aspirez tous
qu'au démembrement de l'empire français! Et,
pour couronner une telle entreprise, l'Autriche
croit qu'il lui suffit de se déclarer! Vous préten-
dez, ici, d'un trait de plume, faire tomber devant
vous les remparts de Dantzig, de Küstrin, de
Glogau, de Magdebourg, de Wesel, de Mayence,
d'Anvers, d'Alexandrie, de Mantoue, de toutes
les places les plus fortes de l'Europe, dont je n'ai
pu obtenir les clefs qu'à force de victoires! Et
moi, docile à votre politique, il me faudrait évacuer l'Europe, dont j'occupe encore la moitié,
ramener mes légions, la crosse en l'air, derrière le
Rhin, les Alpes et les Pyrénées, et, souscrivant à
un traité qui ne serait qu'une vaste capitulation,
me livrer, comme un sot, à mes ennemis, et
m'en remettre, pour un avenir douteux, à la générosité de ceux-là mêmes dont je suis aujourd'hui
le vainqueur! Et c'est, quand mes drapeaux
flottent encore aux bouches de la Vistule et sur
les rives de l'Oder, quand mon armée triomphante
est aux portes de Berlin et de Breslau, quand, de
ma personne, je suis ici, à la tête de trois cent

mille hommes, que l'Autriche, sans coup férir, sans même tirer l'épée, se flatte de me faire souscrire à de telles conditions! Sans tirer l'épée! cette prétention est un outrage! Et c'est mon beau-père qui accueille un tel projet! C'est lui qui vous envoie! Dans quelle attitude veut-il donc me placer en présence du peuple français? Il s'abuse étrangement, s'il croit qu'un trône mutilé puisse être, en France, un refuge pour sa fille et son petit-fils? Ah! Metternich, combien l'Angleterre vous a-t-elle donné pour vous décider à jouer ce rôle contre moi? »

A ces mots, qu'il n'est plus possible de retenir, M. de Metternich a changé de couleur; un profond silence succède, et l'on continue de marcher à grands pas. Le chapeau de l'Empereur est tombé à terre ; on passe et repasse plusieurs fois devant. Dans toute autre situation, M. de Metternich se serait empressé de le relever; l'Empereur le ramasse lui-même.

De part et d'autre, on est quelque temps à se remettre.

Napoléon, reprenant la conversation avec plus de sang-froid, déclare qu'il ne désespère pas encore de la paix, si l'Autriche veut écouter enfin ses véritables intérêts. Il insiste pour qu'on réunisse le congrès, et demande formellement que, dans le cas où les hostilités recommenceraient, la négociation n'en soit pas pour cela interrompue, afin que cette porte du moins reste toujours ouverte à la réconciliation des peuples.

En congédiant M. de Metternich, l'Empereur a soin de lui dire que la cession de l'Illyrie n'est pas son dernier mot.

TABLE

	Pages.
PRÉFACE	1
M. TAINE	1
LE PRINCE DE METTERNICH	59
BOURRIENNE	105
MADAME DE RÉMUSAT	131
L'ABBÉ DE PRADT	173
MIOT DE MÉLITO	195
CORRESPONDANCE DE NAPOLÉON 1ᵉʳ	223
L'HOMME ET SON ŒUVRE	261
APPENDICE	299

BOURLOTON. — Imprimeries réunies, B, rue Mignon, 2.

www.ingramcontent.com/pod-product-compliance
Lightning Source LLC
Chambersburg PA
CBHW060648170426
43199CB00012B/1705